왜 정대표는
지식산업센터를
더 사지않고
지었을까?

20년 지산 투자 경험!
정 대표의 **지식산업센터 건축기**

왜 정대표는 지식산업센터를 더 사지 않고 지었을까?

정성호 지음

청춘미디어

경비원에서 건물주가 된 나의 이야기

20년 전 나는 경비원이었다. 미국 유학 당시 부족한 학비를 마련하기 위해서 닥치는 대로 일해야 했다. 그중에서 머나먼 이국땅에서 온 내가 할 수 있는 일은 제한되어 있었고 그나마 가능한 일 하나가 경비일이었다. 그렇게 나는 학비를 마련하기 위해 경비일을 시작했다. 내가 경비로 일했던 기업은 다국적 기업 타이코 그룹 계열의 경호 무인경비 전문 업체인 ADT.

당시 한국에는 거의 없다시피 한 무인경비 시장이 미국에

왜 정대표는 지식산업센터를 더 사지 않고 지었을까?

서는 이미 엄청난 규모로 커져 있었고 그 파워가 앞으로 세계적으로 퍼질 것을 나는 경비일을 하면서 직감적으로 알 수 있었다. 그렇게 남의 회사 입구에서 경비일을 하던 나는 '미국에서 무인경비 시스템이 이렇게 커지고 있는데, 이 시장이 곧 한국에도 영향을 미치지 않을까?'라는 생각이 계속 들었고, 실제로 한국의 군사시설, 대기업 등에서 조금씩 발주가 오는 것을 보며 혼자서 속으로 쾌재를 불렀다.

미국에서 경비일을 하며 어렵게 학업을 마친 후 두 가지 길이 있었다. 하나는 미국에 남아서 동양인이라는 차별을 받으며 백인들과 경쟁하여 취업하고 어느 정도 성과를 내고 다시 한국으로 돌아와 대기업 임원이 되는 것. 다른 하나는 바로 한국으로 돌아와 미국의 스타트업 벤처기업처럼 단 1달러만 가지고 창업을 하는 것. 바로 경비일을 통해 직접 경험한 보안 경비 업체의 제품으로 사업을 하는 것이었다.

믿기지 않을 수 있겠지만 나는 중학생이 될 때까지 전기도 들어오지 않은 시골 동네에서 태어났다. 그래서 사업의 '사' 자도 몰랐고 공부만 열심히 해서 취업을 하는 것이 전부인 세상에서 살아갔다. 하지만 미국 생활 경험을 통해 처음으로 수많은 사업가들을 알게 되었고 나도 그들처럼 사업으로 성공 할 수 있다는 꿈과 자신감이 생겼다. 그래서 한국에 돌아오자마자 과감하게 창업을 시작하기로 했다. 막 유학을 다녀온 시기라 사실 내가 가진 건 유학 생활로 인한 가득한 빚뿐이었다. 그래도 사업을 시작하기 위한 사무실 직원 월급 등과 같은 최소한의 비용을 마련하기 위해, 외환위기 직후 신용보증기금으로부터 대출받은 '생계형 창업 자금' 3천만 원을 받아 '오닉스'라는 CCTV 제조 유통 회사를 창업해서 이끌어가기 시작했다. 말이 대표지 낮에는 유명 기업을 다니면서 물건을 달라고 사정을 하고 저녁에는 유지를 위해서 공사 현장 노가다, 음식점 아르바이트 등을 마다하지 않으며 회사 경영 자금을 마련했고 회사에서 노숙자처럼 잠을 자면서 하루하루를 보냈다.

3천 만원 빚으로 사업을 시작하는 법

3천만 원을 신용보증기관에서 보증으로 빌릴 때의 조건으로는 사업 아이템이 괜찮은가, 앞으로 그 빚을 어떻게 상환하겠느냐, 고용을 창출해서 회사를 잘 이끌어 갈 수 있느냐, 그리고 당신 사업은 정직하냐, 등의 질문이 주어졌다. 나는 보증 기관의 압박 질문에도 끝없는 자신감을 보여주었다. 아무것도 없었지만 앞으로 미래를 얼마든지 끌어갈 수 있는 젊음이 있었다. 지금 생각하면 20년 전 당시의 마이너스 3천은 지금의 화폐가치로 보면 1억 정도니, 그 당시에는 큰 돈이었다. 책상도 없는 사무실에서 시작한다고 하니 신용보증기관의 심사위원들이 보는 것은 딱 하나, 이 사람이 정말 업 할 수 있는가의 여부였다.

그동안 너무 준비된 기업들만 심사를 해서 그럴까? 서른 살도 되지 않은 내가 '사업이 실패한다면 재취업하여 월급 받아서라도 꼭 갚겠습니다.'라고 당당하게 얘기했던 것이 그들에게 통했다. 나는 분명하게 내 미래가치를 말했다. 지금은 비록 1인 기업으로 시작하지만, 미국에서 지낸 경험이 있기 때문에 영어를 잘 할 수 있다는 점을 말이다. 그 당시 수출하는 사람 중에서 나처럼 영어를 할 수 있는 사람이 많지 않았기에 나는 이 점을 강조했고 세계 일주 여행을 한 경험을 덧붙여서 큰 시야를 가진 장점을 보여주었다. 미국에서 만난 많은 친구들의 역사, 여행, 성장 과정을 이야기하며 다양한 사람들을 만났던 점이 사업에 큰 도움이 될 것이라 했다. 또한, 여러 번의 고시 생활의 실패 경험을 오히려 긴 시간 동안 공부한 것으로 내세워 법적인 기본 지식을 많이 지닌 점을 강조했다.

가난했던 성장 과정이 있었고 세계 일주를 다니면서 느낀 모험심을 내세웠다. 누구나 그렇듯 정착한 곳을 떠나 다른 곳으로 이동하는 것에는 경험해보지 못한 것에 대한 두려움이 크게 다가온다.

하지만 타지에서 만난 사람들은 마치 나를 기다리고 있었던 사람처럼 정말 친근했고 두려움이 눈앞의 현실로 다가왔을 때 오히려 그 스릴은 즐거움이 되었다. 이처럼 다른 나라 사람에 대한 관심, 그 나라의 역사, 최종적으로 어떻게 사업해 수익을 얻을 것인가였다. 넓은 세상에서 비즈니스를 하니 '나는 어떻게 미래를 계획해야 성공하고 돈을 벌 수 있을까?' 와 같은 많은 생각을 했고, 이것이 곧 현실이 되었다.

나는 그렇게 3천만 원의 빚으로 사업을 시작 한 후 6개월 만에 사전 오퍼를 받아 진행했고 덕분에 단숨에 2억이라는 매출을 올릴 수 있었다. 이렇게 번 돈을 전부 사업에 재투자 하지 않았다. 이를 삼등분으로 나눠 다시 사용했다. 첫째, 구로디지털단지 지식산업센터 이스페이스라는 건물 307호 102평에 투자해서 내 사무실 겸 투자 용도로 삼기로 했다. 둘째, 주식에 30%를 넣기로 하고 고르고 고른 아남전자를 매수했고 2배 올랐을 때 팔 수 있었다. 마지막으로, 나머지 30%를 가지고 CCTV 제조업체로 성장하는 기반으로 삼았다. 나는 아직도 사업을 시작하는 이들에게 번 돈의 모두를 사업에 재투자 하지 말고 이렇게 나눠서 투자하라고 권유한다.

전 세계 위기를 기회로 삼아라

어느 날 아침, 화장실에서 나오다가 뉴스를 봤다. 빌딩에 비행기가 연속으로 부딪혔다. 나는 웬일로 뉴스에서 영화 예고 편을 보여주나 싶었다. 하지만 다시 보니 영화가 아니라 진짜였다. 정말 납치된 미국 비행기들이 뉴욕 한복판에 있는

빌딩으로 냅다 들이받았고 그 안에 있는 수백 명의 사람들이 그 자리에서 사망했다. 모두가 충격에 휩싸여있을 때 나는 뉴스에서 증거 사진으로 보여준 화면에 집중했다. 그 화면은 절대 일반인이 찍을 수 없는 각도와 화질이었다. 그럼 무엇인가? 바로 그 주변에 있는 CCTV화면 자료를 입수한 것이었다.

그때 나는 직감적으로 앞으로 보완산업이 더욱더 커질 것이라 생각을 하고 사업에 열중하기로 결심했고 그때의 결정이 지금의 오닉스 지식산업센터까지 지을 수 있는 발판이 되었다.

누구나 그렇듯 나도 계획했던 걸 하나씩 성취할 때 가장 행복했다. 마이너스 3천만 원은 나에게 두려움과 공포의 시작이었지만, 결국 그 두려움을 이겨낸 선택이 지금의 나를 만들어줬다. 20년이 지나 오닉스를 지을 때도 똑같은 두려움이 있었지만 기회에 대한 감각이 내 몸에 남아 있었기에 두려움을 이겨내고 오닉스 지식산업센터 시행을 시작할 수 있었다. 미국의 한 작은 공장의 경비원으로 시작한 내가, 오닉스라는 건물을 짓고 이제는 이 건물의 주인이 되기까지 수많은 사람들의 도움이 있었다는 것을 알고 있다. 그분들께 이 책을 영광으로 바친다.

정성호

제 5장 본격적인 지식산업센터 분양하기

제1장

왜 정사장은
지식산업센터를
사지 않고 지었을까?

01 20년 동안 구로에 있으면서 내가 배운 한 가지

20년간 사업을 하면서 내가 가장 잘한 것이 하나 있다면 사무실을 먼저 사고 사업을 시작한 것이다. 사업을 위한 안정 자금 첫 3,000만 원 대출을 받기 위해 집에서 2시간이나 걸리는 거리를 가서 '신용보증기금대출'에 서명을 했다. 첫 대출을 받고 집으로 돌아가는 버스 안에서 처음 사업하는 초보 사업가로서 앞으로의 상황이 너무 답답한 마음에 무작정 버스에서 내려 모르는 길을 걸었다.

그곳은 처음 와본 동네였고 큰 공장들을 허물고 큰 빌딩이 한두 개씩 올라가는 곳이었다. 지나가는 사람 한 명을 붙잡고 여기가 어디냐고 물었다. 그곳이 바로 구로공단(현재 구로디지털단지)이었다. 나는 왠지 우연히 나를 이끈 이곳에서 터를 잡고 시작해야 할 것 같은 느낌이 강하게 들었다. 월 50만 원씩 내면서 임차인으로 시작을 할까 아니면 조금 부담스럽더라도 매매를 해서 시작할까 고민하던 차에 어렸을 때 이사를 많이 다닌 지긋지긋한 기억이 들어서 부담이 되더라도 매매하고 한 곳에서 오랫동안 사업을 하기로 했다.

내가 처음 사업을 시작한 건물이 구로디지털단지 이엔씨 3차 307호 102평 사무실이다. 믿기지 않겠지만 그때는 구로디지털단지가 평당 300만 원이었다.(2020년 8월 기준 평당 1,100만 원) 지금은 그에 3배나 오른 900만 원인 것을 비교하면 정말 저렴한 가격이었고 나처럼 처음 사업을 시작하는 사람들에게는 딱 맞는 곳이었다.

나의 CCTV 사업 이야기

내가 사업을 시작하기에 유리한 점이라고 하면 첫째 해외 생활을 해보았다는 것, 둘째 영어를 할 수 있다는 것이다. 처음에는 나도 다른 무역상들처럼 한국의 유명한 CCTV 업체의 물건을 왕창 도매로 사다가 이를 필요로 하는 한국 기업에 마진을 붙여 팔면서 사업을 유지했다. 하지만 한 번은 나에게 물건을 공급하던 업체에서 불량품이 가득한 물건을 주었고 나는 손해만 잔뜩 보게 되었다.

그날 저녁, 너무 화가 나서 밤잠을 이루지 못했다. 그리고 다음날 기존 유통 업체와의 거래를 하나둘씩 끊고 내가 직접 CCTV를 제조하기 시작했다. 말이 좋아 제조사를 차린거지 수백만 원짜리 주물 장비 하나, 검사 장비 하나 없는 곳에서 어떻게 CCTV가 뚝딱 나올 수 있을까. 하지만 궁하면 통한다고 어렵게 주물도 마련하고 기술자들도 하나둘 스카웃 해오면서 CCTV와 비슷하게 만들어낼 수 있었다. 하지만 남들과의 차별성이 필요했다.

고민하던 차에 해외 잡지를 즐겨보던 나는 CCTV 신기술이 미국에 있다는 기사 한 줄을 보고 그날 바로 비행기를 끊어 20시간이 넘는 곳에 직접 가서 기술을 배워오곤 했다. 하루는 미국 조지아에 내가 필요로 하는 기술이 있다는 이야기를 들었다. 그날 바로 담당자에게 3일 뒤에 도착한다는 메일을 보내고 답변을 기다리지도 않은 채 표를 예약해 미국으로 떠났다. 너무 피곤한 나머지 비행기 안에서는 언제 미국에 도착한지도 모른 채 곯아떨어졌다.

뉴욕에 도착해 또다시 12시간 동안 혼자 운전을 하고 메일을 보냈던 담당자를 찾아갔다. 예상한 대로 문전 박대였다. 누가 소중한 자신의 기술을 머나먼 동양에서 온 사람한테 한번에 알려주겠는가. 그렇게 회사 안에는 들어가 보지도 못한 채 1층 경비실에서 10시간 넘게 담당자가 나오기만을 기다렸다. 그 담당자는 다른 곳으로 나갔는지 얼굴조차 보지 못하고 회사 문이 닫힐 때 쓸쓸히 걸어 나올 수밖에 없었다. 너무 슬펐다. 처음부터 무모한 행동이라는 것은 알고 있었지만 그래도 얼굴이라도 보고 이야기를 나눠보고 싶었는데 아예 얼굴조차 보여주지 않은 담당자에게 서운함이 들어 고개를 푹 숙이고 경비실 문을 나섰다. 그렇게 한국에서 급하게 떠날 때 챙겨온 서류 가방 달랑 하나 들고 경비실을 나서려고 하는데 경비원이 안쓰러웠는지 나를 불렀다.

"Hey Mr Jung wait!"

나는 내가 뭐라도 놓고 나왔나 해서 뒤를 돌아보았다. 그 경비원은 나를 부르더니 자신도 한국에 알고 지내는 친구가 있다면서 이야기를 하자고 했다. 어차피 이대로 숙소에 혼자 들어가면 더 쓸쓸할 것 같아, 근처 햄버거 가게에서 햄버거를 사서 모두 퇴근한 건물 출입구를 혼자 지키고 있는 그와 3시간 넘게 다양한 이야기를 했다.

그렇게 짧게나마 인생 이야기, 나의 유학생 때 경비 이야기 등을 즐겁게 나눴다. 그도 경비 교대 시간이 되어 인사하고 나오려는데, 그가 불쑥 책상 서랍에서 뭘 하나 꺼내어주었다. 바로 내가 그토록 찾던, 야간에도 선명하게 영상을 포착하는 그 CCTV 신제품이었다. 나는 너무 기뻐서 그 제품을 준 경비원 친구를 힘껏 끌어안았다. 경비원 말로는 얼마 전에 연구

왜 정대표는 지식산업센터를 더 사지 않고 지었을까?

소에 보냈던 신제품이 반품으로 들어와서 본인이 쓰려고 살짝 하나 빼둔 게 있었는데 아까 낮부터 계속 줄까 말까 고민하고 있었다고 한다. 나와 이야기를 나누면서 보니 자기네 기술을 나쁜 곳에 사용할 사람이 아닌 진솔한 사람 같아서 주게 되었다고 했다.

나는 그 제품을 가지고 한숨도 자지 않고 한국으로 돌아왔고 그 제품이 회사 매출의 80%를 차지하는 가장 큰 효자 상품이 되었다.내 노력에 보답이라도 했는지 회사는 2006년에 140억 매출을 올렸고 2007년에는 200억의 매출을 올렸다. 그때 내가 거래했던 업체들은 GE를 비롯해 하니엘, 노던 비디오, ADT, 존슨앤존스, 필립스, 지멘스 등이 세계적인 업체로 수출 위주의 전략을 펼쳤다.

02 평생 갈 것 같던 CCTV 사업

평생 갈 것 같던 나의 탄탄대로는 중국 거대 제조공장의 등장으로 한순간에 와르르 무너져 내렸다. 그동안 나와 거래하던 유명 업체들은 비용 절감을 이유로 내가 공급하던 CCTV 가격의 1/10 가격인 중국 업체로 갈아타기 시작했고 회사 매출은 1년 만에 1/10로 줄어들었다. 좋지 않은 일은 꼭 겹쳐서 온다. 매출 하락 조짐이 보이기 전 나는 공장 확장을 위해서 주말마다 선배와 함께 서울과 수도권에 땅을 보러 다녔는데 무리해서 매매한 땅 때문에 큰돈도 묶이게 되었다. 당시 구로디지털단지 내에는 우리 회사 5톤 트럭 때문에 교통이 막

왜 정대표는 지식산업센터를 더 사지 않고 지었을까?

히는 경우가 하루 이틀이 아니었다. 그래서 나는 공장 물류 센터와 제조공장을 함께 사용하기 위해서 3,000평 이상의 땅이 필요했지만 바쁘다는 핑계로 등기부도 제대로 보지 않고 매매를 했고 그 땅은 지금까지 팔지도 못하고 임대를 줄 수도 없는 애물단지가 되어 버렸다.

내가 돈을 벌고 사업을 하는 한 가지 이유

갑자기 사업이 어려워지면서 사업의 본질에 대해서 생각하기 시작했다. 내가 왜 사업을 하는 것일까? 2007년 심장병을 가지고 아들이 태어나면서 나는 그제야 내가 사업을 하는 이유에 대해서 다시 한 번 깨닫게 되었다. 아이는 수술을 몇 번 받아 지금은 괜찮아졌지만 당시에는 너무 힘든 일이 겹치는 바람에 하루가 어떻게 흘러가는지도 몰랐다. 이러한 악재가 계속 겹치면서 2012년 나는 폐업하기로 결심했다. 지난 10년 동안 운전기사가 있어서 운전 한번 하지 않고, 수행비서가 있어 컴퓨터 자판 한번 치지 않던 내가 회사 운영을 그만하겠다고 결정했던 힘든 시기에도 버틸 수 있었던 이유는 단 하나였다. 내 옆에 끝까지 남아있던 가족.
그리고 또 하나를 꼽으라면 지식산업센터. 사업이 잘되고 있을 때 다행히 나는 주변 분들의 권유로 지식산업센터를 한

두 개씩 사 모으기 시작했다. 그때부터 10년 넘게 월세를 받기 시작했다. 사업이 잘 될 때는 적게만 보이던 지식산업센터의 월세가 힘이 들 때 가장 큰 도움이 되었고, 결국 내가 맨바닥까지 내려갔을 때도 나를 버티게 해주는 힘이 되었다.

당시에 나는 총 4개의 지식산업센터를 임대주고 있었는데 작은 평수, 큰 평수 가릴 것 없이 경기를 타지 않고 임차인이 꾸준히 맞춰지는 것을 경험했다. 공실에 대한 두려움이 없어지자 폐업 후, 비어있던 오닉스 공장 자리를 허물고 과거의 회사 이름을 따서 오닉스 지식산업센터를 건축했다. 그리고 지금 지식산업센터 1층 관리실에서 이렇게 이 책을 쓰고 있다. 내가 중국 가격에 밀리고 온갖 빚더미에 쌓여있을 때 끝까지 공장을 지켜내려 했다면 직원들은 직원대로 힘들었을 것이고, 가족들은 가족대로 그리고 공장 역시 한 평도 남지 않고 경매에 넘어갔을 것이다.

하지만 나는 꾸준히 월세가 나오는 지식산업센터가 있었기에 파업하려는 직원들과 맞서서 잠시 직장폐쇄를 강행 했다. 공장 폐업을 결정하고 2012년 사업이 어려워져 더 이상 CCTV로는 수익을 낼 수 없다고 판단이 나서, 바로 공장문을 닫고 직원들의 밀린 월급을 주며 폐업 절차를 잘 마무리했다. 점점 공장을 축소 운영하면서 2016년 12월 31일 마지막 수출선적을 한 뒤, 오닉스 지식사업센터 건축을 시작했다.

나를 잘 아는 이들은 묻는다. 왜 그렇게 많은 돈을 투자해 지식산업센터를 지었냐고, 차라리 대출도 많이 나오고 월세

왜 정대표는 지식산업센터를 더 사지 않고 지었을까?

가 잘 나오는 지식산업센터를 더 매매했으면 좋지 않았냐고 말이다. 하지만 나는 단순히 지식산업센터를 통한 월세수익을 넘어서 지식산업센터 시행, 시공, 분양, 관리까지 도맡아서 해보고 싶었다. 그리고 머릿속에서 실천에 옮기면서 그 기록들을 이 책에 이렇게 담아내고 있다.

03 지식산업센터는 노후대비 확실한 투자처다

이 책을 읽는 여러분은 노후준비를 얼마나 하고 있는가. 나는 지난 20년간 수출을 해오다 보니 많은 외국 사람들을 만나게 되었다. 그리고 이때 만난 미국인들은 20~30대부터 노후준비를 한다는 것을 알게 되었다. 너무 이른 게 아니냐 생각할 수 있지만 미국이나 유럽은 대학생 때 빌린 학자금 대출부터 갚고 그 이후에는 노후에 쓸 수 있는 돈을 준비해야 하기 때문에 입사하자마자 대출 상환과 동시에 노후준비를 하는 것이었다.

이와 반대로 한국도 언론에 자주 보도되는 것이 있다. 바로 노후대책에 대해 준비가 부족하다는 기사이다. 그도 그럴 것이 이전에는 60세만 되면 노인이라는 소리를 들었지만, 이제는 50세에 은퇴를 한다고 하면 '젊은 것이 무슨 벌써 일을 그만두냐'라는 말을 듣기 때문에 노후대책을 생각할 틈도 없이 계속해서 일만 하는 게 한국의 현재 상황이다. 하지만 이렇게 대책 없이 시간만 흘려보내다가는 힘든 노년을 보내기 십상이다.

풍족한 노년을 보내기 위한 아주 기본적인 노후대책은 어떻게 실천할 수 있을까? 평범한 사람들이 수행할 수 있는 노후대책 중에 내가 찾은 것은 바로 지식산업센터 투자이다. 이미 시중에 지식산업센터 투자에 대해서 많은 이들이 써두었지만, 정작 지식산업센터에 대해 얘기하면 제대로 된 내용을 알고 있는 이가 별로 없다. 나는 지식산업센터 건축을 위해서 아파트, 빌라, 꼬마빌딩 건설에 성공한 이들을 찾아 여러 경험담도 들어보고 서점에 들러 관련된 정보도 습득했지만 부동산 투자와 건축은 완전히 달랐다.

그래도 시작이 반이라 생각하고 차근차근 공부부터 시작했다. 몇십 년간 운영하던 제조업 공장을 지식산업센터로 만들면서 건설에도 그렇게 많은 분야가 있는지 처음 알았다. 힘들었지만 부동산 개발의 처음부터 끝까지 직접 하고 싶었다. 오닉스 CCTV 제조업 때도 그랬지만 나는 내가 직접 A부터 Z까지 하는 스타일이다. 오닉스 지식산업센터의 기획부터 분양까지 성공시키는 동안 정말 10년은 늙은듯하다. 직접 공사현장에서 아침부터 저녁까지 일한 게 아닌데도 말이다. 모든 제도와 기관이 다 있더라도 하이에나처럼 곳곳에서 빈틈을 노리는 이들이 많았다. 오죽하면 시행 비용 천억을 팬티까지 다 벗겨 먹는데 한 달이면 된다는 농담이 있겠는가? 예를 들어, 시공계약은 이미 했는데 기존 계약과 다른 이명계약을 요구하고, 소비대차(처음 땅을 빌려준 자금)에 대해 회계 상으로는 대여금이니 갚으면 소비가 끝나는 계약을 돈을 받으며 소비자 단체에서 개인한테 옮아매고 대여금의 이자수익을 건설비에 옮겨놓는다는 것도 처음 알았다. 예상하지 못한 비용과 무의미한 시간 소비가 너무 많이 들어갔다. 이것이 현재 대한민국 건설업의 실체라는 것을 철저하게 깨달았다.

시간이 지나면 시행이나 부동산 투자도 더 깨끗해지고 안착할 것이다. 부동산 지식산업센터도 건설, 임대와 매매 모두 적절하게 회계·법적으로 잘 운영하는 사람들이 있을 것이다. 나의 경험이 담긴 이 책이 이러한 시기를 빨리 올 수 있게 하는 하나의 밑거름이 되었으면 한다.

지식산업센터가 내게 가져다준 안정감

100세 시대가 눈앞에 다가오면서 다들 여유로운 노후를 준비하려 한다. 풍족한 노후는 지금 내가 움직일 수 있을 때 얼마나 준비를 하느냐가 중요하다. 꼭 나처럼 지식산업센터를 건축하지 않아도 바로 할 수 있는 노후대책 수단으로 '지출 줄이기' 및 '수익형 소득 만들기'를 추천한다.

당연한 이야기지만 근로소득만으로는 노후를 준비하거나 이후의 삶을 대비하기 어렵다. 근로소득 이외의 소득은 어떤 것이 있을까? 임대소득, 양도소득, 배당소득, 불로소득 등이 있다. 이 중에서 지식산업센터로 얻을 수 있는 것이 바로 임대소득과 양도소득이다. 지식산업센터 임대나 건축 분양을 통해서 꾸준히 임대소득을 얻다가 어느 정도 시세차익이 올라가면, 그때 양도를 통한 차익을 얻을 수 있는 것이다. 즉 임대와 시세차익 두 가지를 모두 얻을 수 있다.

수익형 부동산을 시작하는 분들은 아시겠지만 임대료를 받을 수 있는 방법으로는 아파트나 빌라, 다가구, 오피스텔 외에도 다양한 투자처가 있다. 하지만 임대 후 관리 용이성과 임대 이후의 양도소득까지 생각한다면 지식산업센터만한 것이 없다. 내가 처음 매매한 지식사업센터는 구로디지털단지 내 2000년도에 산 지식산업센터였다. 직접 사업을 위해 매매를 한 것이지만 이후 팔지 않고 가져간 결과 재정적으로 힘들었을 때마다 월세 수입을 가져다 주었다. 처음에는 조그만 것에서부터 사업의 속도에 맞춰 그 크기를 늘려갔다. 은행에서는 지식산업센터 매매로 대출 부채가 많으니 때가 되면 팔라고 했지만 나는 팔지 않았다.

오히려 이를 법인이든 개인이든 80%이상의 대출로 매매해서 가지고 있으면 비용을 덜어낼 수 있었다. 즉, 대출이자

비용으로 수익이 나는 구조를 만들어내다 보니 사업에서 나왔던 웬만한 부채는 다 없어졌다.

오닉스 지식산업센터를 자신 있게 지을 수 있었던 이유

내가 어려운 시기에 오닉스 지식사업센터를 지을 수 있었던 가장 큰 원동력은 20년 전부터 그때그때 맞춰서 지식산업센터를 많이 매수, 매도하고 투자한 경험이 큰 도움이 되었기 때문이다. 또한 계속해서 지원되는 정부의 지원금으로 매수, 임차인 모두 초기 자본금 투입량에 대한 부담 없이 접근할 수 있었기 때문이다. 즉, 20년 동안 지식산업센터의 메카 구로디지털단지에서의 경험, 그리고 정부에서 지원되는 대출, 이 두 가지가 가장 밑바탕이 되었다. 그래서 지금 사업을 하고 있다면 이렇게 지원금이 많이 나오는 지식산업센터 투자를 염두에 두고 사업 확장을 계속해서 해나가는 것을 추천한다.

04 건축할 때 절박함을
스스로 만들어내는 방법

절박함. 나 또한 이 세 글자를 달고 오닉스라는 CCTV 사업을 한 적이 있다. 절박함으로 무장하니 대출을 당장 상환하라는 은행장 앞에서 무릎을 꿇는 것도 부끄럽지 않았고 새로운 연구 대상 제품을 소싱하기 위해서 저 머나먼 미국에서 24시간 담당자를 기다리는 것도 전혀 지루하지 않았다.

오닉스 지식산업센터를 건축할 때는 사업이 궤도에 올라있다는 생각에 이전 사업을 시작할 때만큼의 절박함이 없었다. 하지만 세상 모든 일이 그렇듯 계획은 계획대로 되지 않고 시공사와의 갈등으로 자금줄이 막혀버리는 순간 나는 또 한 번

절박함으로 무장해야 했다. 이럴 때 나는 본능적으로 초심으로 돌아가 가장 기초적인 일부터 내가 할 수 있는 일을 찾아보고, 그 일부터 하는 것이 중요하다는 것을 알았다. 그래서 준공이 떨어지고 나서 아침 6시에 나와 건물 1층에 있는 CU 편의점 문을 열고, 아침 9시 아르바이트생이 올 때까지 웃는 얼굴로 손님들을 맞이하면서 하루를 시작했다. 월세를 받던 임대인에서 가장 먼저 출근하는 관리인이 되었고, 수백 명 직원을 두었던 CEO에서 CU편의점 유니폼을 입고 물건을 옮겼다. 결재 서류에 사인만 하던 내가 바코드를 찍었다. 어떤 이들은 이것이 부끄럽지 않냐고 물어봤다. 절대 그렇지 않다. 오히려 이러한 절박한 모습을 본 시공사와 은행 측에서 내게 조금의 말미를 더 주었기 때문이다.

이 책을 읽는 당신도 건축할 때 나처럼 생각지 못한 일에, 분명히 예상치 못한 일에 부딪힐 것이다. 그럴 때는 나처럼 초심으로 돌아가서 가장 밑바닥 일, 누구나 꺼리는 일을 먼저 하며 마음을 다시금 되잡아라. 그게 건물 청소든, 회계정리든 무엇이든 상관없이 몸부터 움직이면서 당장 보여줄 수 있는 것부터 해야 한다.

지식산업센터 열풍은 수익형 부동산의 연장이다

지식산업센터의 인기가 계속해서 올라가는 것은 초저금리 때문이다. 일반적으로 금리와 부동산 가격은 반비례이다. 금리가 낮아지면 부동산 매매가격이 오르고 수익형 부동산으로 인식되는 지식산업센터는 투자자들의 진입이 더욱더 쉬워진다. 시중금리보다 2~3배 임대 수익률을 더 낼 수 있기 때문이다.

예를 들면, 금리 2%대에 1억을 은행에 넣어두면 1년에 200만 원의 수익이 발생하지만, 수익률 10% 지식산업센터에 투자할 경우 1년에 1,000만 원의 수익이 발생하는 것이다. 여기에 매도할 때는 시세차익까지 나타난다. 이러한 지식산업센터의 열풍은 하루아침에 생긴 것이 아니라 수익형 부동산의 연장으로 나타난 것이다. 그동안 분양형 호텔, 오피스텔, 상가 등으로 수익형 부동산이 자리를 잡았지만 이러한 상품에 규제가 있자 지식산업센터로 그 열풍이 옮겨 붙은 것이다.

지식산업센터 열풍은 수익형 부동산의 연장이다

지식산업센터가 왜 계속해서 사람들의 관심을 받고 열풍이 되는 것일까? 기존 투자자들이 수익을 많이 보던 상품들이 지금은 다 막혔기 때문이다. 주택에 있어서 갭투자, 지방투자, 흐름투자 등등 다양한 투자가 있었고 추가로 재개발, 재

건축이 기존 부동산 투자자들의 관심을 가지는 마지막 카테고리였다. 하지만 지금은 재건축 초과 상환 이익 환수제, 사업 지정지구 취소와 수도권을 비롯한 전국이 조정 지역으로 지정되는 바람에 사업성 악화로 투자자들에게 외면 받고 있다. 재건축 재개발 시장은 자신의 의도와는 달리 많은 주민들의 동의 그리고 조합의 설립과 동시에 시공사 측도 항상 불안정하다. 성공하면 그 이익은 크지만 정부의 규제로 인해서 언제 뒤집힐지 모른다는 불안감, 수백, 수천 명의 동의 절차를 밟아야 하는 시간의 필요성 등은 내가 통제할 수 없는 영역이다. 그래서 당장 오늘 투자하고 다음 달에 월세를 받을 수 있는 그러한 지식산업센터를 직접 지을 수 있는 아이템들이 점점 주목을 받는 것이다.

왜 구로디지털단지 지식산업센터가 더 유망해질까?

 사람들을 만날때 마다 내가 꼭 하는 이야기가 하나 있다. "구로디지털단지 지식산업센터가 앞으로 문정, 성수보다 더 좋아집니다" 이렇게 말하면 10명 중 9명의 사람들은 의아해한다. 내가 그렇게 생각하는 데는 지난 20년간 구로디지털단지에서 사업을 하면서 봐온 사람들 그리고 기업체들이 있기 때문이다.

구로디지털단지에서 가장 유명한 사람이 바로 BTS를 키워낸 방시혁의 사촌 형이자 넷마블 의장인 방준혁 회장이다. 넷마블은 13조 기업으로 시가총액 코스피 23위의 업체이다. 다른 게임업체에 비해서 조금 더 실적이 좋은 것이 과연 구로디지털단지 가치 상승에 영향을 미칠까 하는 의문을 가질 수 있다. 하지만 조금 더 살펴보면 이야기가 달라진다. 넷마블은 방탄소년단 소속사 빅히트 엔터테이먼트의 지분을 약 25% 보유하고 있고, 방탄소년단(BTS)의 전 세계적인 활약은 누구나 다 알고 있듯이 한국인 최초로 빌보드 차트 1위를 하고 수많은 팬층을 가지고 있다. 다음 뉴스를 읽어 보자.

방탄 VMA 4관왕→빌보드 '핫100' 1위…넷마블·초록뱀 'BTS 관련주' 호재

그룹 방탄소년단(BTS)이 신곡 '다이너마이트'로 미국 빌보드의 메인 싱글 차트인 '핫 100(Hot 100)'에서 한국 가수 최초로 1위를 차지하면서 넷마블 초록뱀 등 이른바 'BTS 관련주' 역시 호재를 맞았다. 31일(이하 현지시간) 빌보드는 방탄소년단 '다이너마이트'가 최신 빌보드 '핫100' 차트 정상에 올랐다고 밝혔다. 닐슨뮤직 집계에 따르면, 8월 21일 발매된 'Dynamite'는 8월 27일까지 한 주 동안 미국 내 3390만 스트리밍 횟수와 30만 음반원 판매량을 기록했다. 첫 주 26

만 5000건의 다운로드 수로, 2017년 9월 16일 테일러 스위프트(Taylor Swift)의 싱글 '룩 왓 유 메이드 미 두(Look What You Made Me Do)'의 35만건 다운로드 이후 3년 만에 가장 높은 디지털 판매량을 기록하며 발매 첫 주차에 '핫100' 1위에 올랐다. 이같은 소식에 넷마블, 디피씨, 초록뱀미디어, 키이스트 등의 주가에 누리꾼의 관심이 집중됐다. 이들 모두 전일 상승세에 장을 마감한 만큼 1일 역시 큰 폭의 상승이 예상된다. 넷마블은 방탄소년단 소속사 빅히트 엔터테인먼트의 지분을 25.04% 보유하고 있다.

(2020.09.01. 스타투데이)

　지식산업센터 이야기를 하는데 갑자기 웬 방탄소년단이냐고 할 수 있는데 지식산업센터에서 일을 하다 보니 산업의 흐름, 트렌드의 흐름을 읽을 수 있게 되었다. 내가 처음 구로디지털단지에 왔을 때는 CCTV제조로 시작했던 2차 산업 그리고 얼마 전까지 많은 매출을 벌어다 준 IT관련 3차 산업 그리고 지금은 4차 산업인 컨텐츠 사업이 핵심이 되었다.

　예를 들어 2차 산업 때는 얼마나 퀄리티 좋고 많은 양의 티셔츠를 만드는 것이 중요했고 그것이 산업의 판단이었다면, 3차 산업 때는 티셔츠 만드는 기계를 제대로 만드는 것이 중요해졌고, 4차 산업시대인 지금은 티셔츠의 퀄리티가 좋은 건 당연한것이고 그 안에 어떤 디자인 어떤 콘텐츠의 스토리가 들어가냐가 중요한 판단의 기준이 되었다. 이렇게 콘텐츠와 기존의 2차, 3차 제조사들이 하나의 아이템으로 엮어지는 메카로 지식산업센터가 역할을 하고 있고 그 중심이 되는 곳이 구로디지털 단지인 것이다.

나는 과거의 가발공장, 옷 제조로 매연 가득한 구로디지털 단지만 알고 있는 분들에게 꼭 말한다. 한번 직접 와서 변화된 모습을 눈으로 보라고 말이다. 이전에 1층짜리 제조공장들은 전부 10층 이상의 지식산업센터로 바뀌었고 비를 맞을 수밖에 없던 노상 주차장들은 전부 지하로 내려갔다. 대형 은행, 커피숍 그리고 편의시설이 한 곳에 있어서 일하기에 이보다 더 편한 곳을 찾기는 어려울 정도다.

수익형 부동산이라고 말하면 대부분 주식과 비교를 많이 한다. 주식도 수익형 상품이 될 수 있으니 말이다. 하지만 주식투자를 해본 사람은 알 것이다. 주식투자란 단기적으로 수익이 날 수 있지만 내가 주도할 수 있는 부분이 없다. 계속해서 시장조사를 해야 하고 무엇인가 새로운 이슈가 떠오르면 가격은 예민하게 요동친다. 밑도 끝도 없이 추락한다. 단기적으로 운이 좋았다고 하더라도 결국 장기적으로는 마이너스로 진행되는 것이 '주식'이 아닐까 한다. 그래서 나도 주식은 일 년에 딱 2번 정도만 보고 그 외에는 아예 쳐다보지 않는다.

수익형 상품의 두 번째로 채권 투자가 있다. 최근 저금리로 인한 투자자들의 채권 투자가 있지만 다소 수익률이 높은 채권은 개인이 판단하기에 위험요소가 많다. 채권에는 회사채와 국공채 두 가지가 있지만, 수익률이 높은 회사채는 위험이 도사리고 국공채의 경우는 차라리 은행에 돈을 넣는 게 더 나을 정도로 수익률이 낮다. 결국 두 개다 고민이 되는 부분이 생긴다.

세 번째로 수익형 부동산이다. 부동산이라고 하면 가장 먼저 시작하는 것이 아파트 투자다. 하지만 아파트 투자의 경우, 강남권은 최소 5억 이상 있어야 하는 것을 누구나 안다. 전세를 끼고 사는 갭투자의 경우 "역전세"에 하우스푸어로 몰릴 가능성도 무시하지 못한다. 그래서 단기적으로는 아파트 시장 상황이 좋더라도, 많은 돈을 대출받아 시세차익을 노리는 것을 기본으로 긴 안목을 가지고 봐야 하는 시장이므로 불안한 점도 분명히 있다.

토지 투자의 경우 많이들 생각하지만 투자하는 금액 대비에 비해 기다려야 하는 기간이 너무 길다. 또한, 땅이 바로 팔리지 않는 것과 같이 환급성에 대한 불안요소를 가지고 있는 경우가 많다.

그렇다면 수익형 부동산 중 하나인 지식산업센터 투자는 어떨까? 수익형 부동산은 앞서 설명한 투자 상품의 문제점 및 위험성을 상쇄시킬 수 있는 장점이 있다. 예컨대 수익형 부동산은 주식투자보다 훨씬 안정적이며, 채권 투자와 비교해 수익률이 높다. 다른 부동산 투자와 비교해도 수익형 부동산의 장점이 크다.

또한, 수익형 부동산은 대출을 받아 투자해도 월세를 받으며 대출이자를 내고, 조금 더 노력하면 원금도 상환할 수 있다. 또 주거용 수익형 부동산을 월세로 임대한 경우 역전세난에 시달릴 우려가 상대적으로 적다. 토지 투자의 장기화 위험보다 수익형 부동산은 초단기 투자 수익이 발생한다. 쉽게 말해 매월, 매일, 소득이 발생하는 투자 상품이다. 월세 계약 종료 시, 일자를 따져가며 월세를 정산해본 사람은 알 것이다. 상황이 이러니 안정성, 환금성, 수익성을 고루 갖춘 수익형 부동산에 투자자들의 이목이 쏠리는 것이다.

앞으로 10년, 지식산업센터가 무너지지 않을 이유

사업을 시작하는 누구나 알고 있으나 다들 부정하는 사업 명언이 하나가 있다.

"사업은 무조건 망한다."

정말 잘나가던 야후도 망했고, GE, 모토로라, 제록스 등 굴지의 사업체들도 채 100년을 버티지 못하고 과거의 명성보다 한참 추락하거나 망하는데 과연 개인사업이 50년, 30년을 버티는 게 쉬울까? 절대 쉽지 않다. 그렇다면 망하지 않는 사업 아이템을 찾아서 계속 쫓아다녀야 할까? 그것도 한두 번이지 젊을 때는 밤새워서 일하는 게 가능하지만 시간이 지나서는 체력적으로 힘들기 때문에 남에게 사업을 맡겨야 하고 누군가 따라오는 경쟁에서 이겨야 한다는 부담감이 점차 늘어난다.

　처음에는 시간으로 그다음에는 가격으로 이러한 경쟁에서 이겨야 하는데 이를 지속하는 것은 쉽지 않다. 그렇다면 그러한 노력을 덜 들이면서 지속할 수 있는 것은 무엇일까? 바로 지식산업센터에서 직접 사업을 시작하면서 수익형과 시세차익형 두 마리 토끼를 잡는 지식산업센터 투자가 아닐까 한다. 이렇게 확신하는 이유는 사업이라는 기본 개념을 이해하면 된다. 인류가 정착 생활을 시작하면서 사업이 시작되었고 사람대 사람의 사업을 하기 위한 주거 이외의 일정 크기 협업공간은 누구나 필요하다. 과거에는 어떻게든 시내 중심에서 사업을 해야지만 번듯하게 사업을 한다고 인정을 받았으나, 교통망과 온라인 사업의 발달로 인해 꼭 서울뿐만 아니라 서울 외곽과 수도권에서 사업을 해도 매출을 낼 수 있게 되었다. 주차와 관리비가 부담이 되는 통건물 대신, 개인이 한 칸 단위로 소유할 수 있는 이러한 지식산업센터가 앞으로 10년간 망하지 않을 이유가 된 것이다.

지식산업센터안에 기숙사도 들어가 있다고?

많은 분들이 지식산업센터에 기숙사가 있는지 모른다는 것

　　왜 정대표는 지식산업센터를 더 사지 않고 지었을까?

이다. 가끔 오피스텔이 아니냐는 분들도 많다. 사실 오닉스 지식산업센터를 신축할 당시 기숙사를 하고 싶었지만 두 가지 문제가 있었다. 일단 오닉스처럼 6천 평 정도 규모의 한 건물이면 일하는 곳도 아니고 자는 곳도 아니게 되면서 콘셉트가 모호해질 수 있다. 예를 들어, 지상10층 11층을 기숙사로 했을 경우 아침 출근시간 비즈니스로 일하는 사람들과 잠자러 들어가는 사람들의 동선이 겹치면서 엘리베이터 안에 뜻하지 않은 이상한 그림이 펼쳐지게 되는 것이다.

또 용적률로 보았을 때도 순수 오피스텔동을 짓는 것보다는 지식산업센터의 기숙사를 짓는 것이 더 유리하다. 오닉스의 경우 순수 오피스텔로만 했으면 용적률이 250퍼센트 정도밖에 안 나온다. 반면 지식산업센터의 경우, 용적률 400퍼센트 기본에 공개 공지 같은 것을 다 하면 480퍼센트까지 올라서 거의 500퍼센트에 육박하는 용적률과 같기에 사업적으로 봤을 때는 오피스텔보다 지식산업센터가 훨씬 낫다.

지식산업센터 기숙사가 가지는 장점으로 첫째는 대부분 지을 수 있는 곳이 제한적이라는 것이다. 오피스텔은 자리만 있으면 얼마든지 지을 수 있어서 입주량이 계속해서 늘어날 수 있지만 지식산업센터 기숙사는 산업단지나 중공업 지역, 특히 국가에서 운용할 수 있는 공업지역으로 입주 할 수 있는 지역이 얼마 없다. 또 지식산업센터에 기숙사 제한을 풀어준 것이 얼마 되지 않아 기숙사도 설계에 반영을 해야 한다고 생각한다. 과연 지식산업센터 기숙사의 장점은 무엇일까?

첫째로 조망권이 좋다. 오피스텔 같은 경우 창문을 못 열 정도로 건물과 건물 사이가 비좁은 곳이 많다. 그러나 지식산업센터 기숙사는 보통 가장 높은 층에 있고, 또 발코니 확장이 자유로워서 전용률이 굉장히 높다. 둘째는 대형 도시에서는 직주 분리, 즉 과거에 잘 사는 사람은 차가 발달하니까 주거와 일하는 곳이 분리되어 있었지만 요즘 세대들은 주거 및 일하는 곳이 같이 있는 것을 좋아한다.

여러 가지 이유가 있겠지만 글로벌화 되면서, 전 세계와 일을 진행하다 보니 자면서 일하는 곳이 필요하다. 특히 24시간 운영으로 시간 제약을 받지 않고 워낙 커서 관리비가 싸다. 그러므로 신개념의 아파트형 공장 안에 있는 기숙사는 오피스텔의 편리성과 호텔의 유용한 점을 동시에 가지고 있다.

그렇다면 아파트형 공장 기숙사 투자는 어디에 해야 할까? 사실, 어디나 비슷하긴 하다. 그러나 가급적이면 인서울, 그리고 역세권, 혹은 역세권이 아니더라도 마을버스가 잘 지나다니는 대중교통 사용이 편리한 곳이 좋다.

그러나 무엇보다도 환급성이 가장 중요하다. 현재 정부가 지정한 시급이 시간 당 만 원이 되어가는 시대에서 196시간 일한다고 한다면, 월마다 200만 원 정도 벌이가 된다. 그리고 주거비가 여기서 30% 정도를 차지한다지만 젊은 세대들은 40%가 넘는다. 즉, 200만 원을 벌 경우 80만 원 정도가 드는 것이다.

왜 정대표는 지식산업센터를 더 사지 않고 지었을까?

또한, 주거난이 심각하다. 고시원 생활을 하는 이들이 불편해하는 가격은 30~50만 원 사이이고, 여기에 관리비를 더하면 50~70만 원으로 올라간다. 대신 기숙사 같은 경우 관리비가 많이 낮다. 또한, 낮은 관리비를 면적의 비율을 따져 공장과 나눠서 관리비가 싸면서도 활동하는 데 지장이 없다.

그리고 시세차익이 있다. 아파트형 공장 같은 경우는 60~80만 원 정도가 월세로 측정되어 있으나 나중에는 더 올라갈 수 있다. 기숙사가 주거고, 공장 내에 주거를 해결할 수 있는 곳이 많지 않으니 국가 차원의 중·공업단지가 망할 리 없다. 이런 면에서 기숙사는 새롭게 주목받는 곳이다.

또한, 호텔과 오피스텔의 장점을 많이 가지고 있다. 도시가 더 집중화되면 주거비가 너무 비싸지기 때문에 주거와 일을 분리할 수가 없다. 실제로 나 역시 초창기에 사업할 때는 호텔에서 일을 다 했다. 메일을 보내거나 전화나 팩스를 보내는 일이 시차가 맞지 않으니, 호텔 생활이 반이었다. 그러나 이제는 인터넷이 발달하면서 시공간적 제약이 적어졌으므로, 기숙사가 앞으로는 더 주목받지 않을까 한다.

구로를 예로 들자면 여기서 1인 기업을 하며 2, 3명 직원을 두고 일할 경우 일을 위에서 주변에 집을 잡아야 하는데 집값이 5억을 넘어가는 경우가 대부분이다. 본인의 회사 월세는 6~70만 원짜리를 쓰는데 집값이 5억을 넘어가니 울며 겨자 먹기로 부천, 인청등 전셋값이 낮은 곳을 찾아갈 수밖에 없다. 비록 그 주변 오피스텔들의 값은 싸지만 유동 시간이나

교통비가 추가적으로 들게 된다. 그러다 보면 원룸을 구하게 된다. 하지만 원룸촌은 앞서 말했듯 주차가 되지 않고, 관리비도 비싸고, 창문도 없는 단점이 있다. 더군다나 거리도 멀다. 그 상황에서 아파트형 공장 기숙사가 있다면 당연히 지식산업센터 기숙사로 올 가능성이 높은 것이다.

특히 가산디지털단지이나 경기도 쪽에는 무조건 기숙사를 넣어야 한다고 생각한다. 왜냐면 젊은 분들의 주거비가 너무 비싸 월급을 모을 여유가 없기 때문이다.

왜 정대표는 지식산업센터를 더 사지 않고 지었을까?

05 정부 정책과 내가 생각한 2020 부동산 방향

　2019년부터 계속해서 금리가 낮아지고 있다. 미국의 기준 금리를 따라가는 것이 일반적인 추세이긴 하지만 이외에도 여러 가지 이유가 있는데, 가장 큰 이유는 경기 부양을 위해서 기준금리를 모든 나라에서 낮추는 것이다. 금리가 낮아지게 되면 기업은 은행에 돈을 넣기보다는 새로운 성장 동력을 찾게 되고 개인들도 은행에 저축보다는 주식이나 부동산 등의 재테크 수단으로 자금을 옮긴다. 그러면서 새로운 성장 동력이 발생하는 것이다. 기준금리는 개인이 대출을 받을 때,

은행에 예금할 때 기준이 된다. 개인뿐 아니라 기업도 마찬가지다. 이에 대해서는 <저금리가 부동산에 미치는 영향>이라는 유튜브 '정성호 TV'를 통해서 확인할 수 있다.

요약하면 돈을 빌리는 처지에서 금리를 낮추게 되면 개인은 저금리에 대출을 받을 수 있고, 기업은 투자와 고용을 늘릴 수 있다. 이렇게 되면 개인은 지출을 늘릴 수 있고, 기업의 고용은 소비 활성화로 이어진다. 결국, 금리 인하는 경기를 부양하고 경제를 활성화하자는 정책적인 전략이다. 한편 돈을 은행에 예치하는 처지에서는 낮은 금리로 인해 이자소득이 낮아지게 된다. 그래서 투자자들은 은행 금리를 기준으로 더 수익성이 높은 대체 투자 상품을 찾게 되고, 자연히 돈이 돌며 시장 경기가 활성화된다. 그럼 그 돈은 어디로 갈까? 해마다 풀리는 수많은 토지보상금은 대체 어디로 갈까?

올해 수많은 토지보상금이 풀리기 때문에 낮아지는 금리와 함께 올해의 이슈는 단연 토지보상금이다. 토지보상금은 가장 먼저 강남의 아파트로 간다. 두 번째로 그 지역의 대장 아파트로 간다. 세 번째로는 그 지역의 다른 땅으로 가고, 그리고 마지막으로 수익형 부동산으로 간다. 현재 첫 번째, 두 번째 방안인 아파트는 추가 대출을 막고 9억 이상의 아파트를 살 때 수많은 제재를 할 것을 예고했다. 그렇다면 땅으로 이 돈이 가야 하는데, 토지보상을 한 번 받은 사람은 이 보상을 받기 위해 몇 년을 기다리면서 될지 안 될지 조마조마하면서 살아온 경험이 있을 것이다. 그렇기에 더 이상 토지보상을 통한 시세차익보다는 당장 내일 만 원이라도 나오는 수익형 부동산에 관심을 가진다. 그렇기에 이러한 돈들이 오피스텔, 원룸, 분양형 호텔, 지식산업센터 등의 수익형 부동산으로 옮겨가는 것이다.

무역 세계·무역 전쟁에 대한 심화

완화 및 반복이 계속된다. 트럼프 행정부는 중국과의 관계에 있어서 '당근과 채찍'이라는 두 가지 양면 작전을 할 것이다. 그렇다고 하루아침에 이뤄지지는 않는다. 지금은 일차적으로 완화의 길로 나갈 것이다. 이는 어떻게 보면 좋은 시작이다. 그러나 2020년, 1년을 전체적으로 본다면 유럽은 불안정하다. 왜냐하면 독일 경제가 유럽을 끌고 있는데, 현재 독일 경제가 좋지 않기 때문이다 그렇기에 EU에서 영국 또한 문제가 되고 있다. EU연합과 영국과의 관계를 보면 저성장이 될 것이다.

이처럼 세계의 많은 변화 속에서 첫째는 유동성이다. 아무래도 저금리 시대가 계속될 수밖에 없다. 2020년 세계 경제의 실물경제 위축 때문에 그렇다. 실물경제에 위축되는 것은 곧 돈이 회전하지 않는 것이다. 한국경제는 실물경제 자체가 떠받쳐주지 못하기 때문에 상당한 어려움이 있다. 물론 우리

나라뿐만 아니라 전 세계적인 현상이라고 볼 수 있다.

　그러면 우리나라에는 어떤 현상이 있을까? 즉, 유동성은 어떻게 갈까? 우리나라는 실물경제가 좋지 않음에도 많은 돈이 필요했다. 따라서 너무나 많은 화폐가 발행되었다. 약 3천 조 이상이다. 그리고 2020년에 3기 신도시 김포, 고양, 광명에서 토지 보상을 해야 하는데, 대략 45조이다. 즉, 기존 실물경제에 투자하지 않은 돈과 올해에 45조라는 돈은 많이 풀린 만큼 해당하는 부동산으로 갈 것이다.

　또한, 돈이 많이 풀리면 풀릴수록 지방의 부동산 경기는 어려워진다. 즉, 서울에 더 집중된다. 이 집중화 현상은 유동성과 함께 전 세계적인 현상이다. 왜냐하면 돈이 있는 곳으로 사람이 몰리기 때문이다. 일본의 동경 역시 마찬가지다. 일본의 농촌에는 빈집이 많다. 우리나라도 마찬가지로 시골에는 빈집이 남아 넘치지만 도시 중심지는 계속 부족할 것이다. 결국, 이 수요는 주택 수요와 맞물린다. 우리는 보통 주택에 투자를 많이 한다. 나 역시 2017년에 오닉스 지식산업센터를 착공해서 2019년 1월에 보존 특혜까지 했다.

　또한, 화폐가치의 하락을 볼 수 있다. 2017년에는 시간당 비용이 지금처럼 7,000원대였다. 그런데 2018년~2019년에는 8,350원, 올해 2020년은 이보다 더 올랐다. 즉, 사람들은 약 만 원에 가까운 돈으로 생활이 가능해진 것이다. 굳이 국가공무원 시험을 보지 않아도, 오히려 국가공무원 월급보다 더 많은 돈을 벌 있게 되었다.

일본 역시 불황 시기에 아르바이트만으로 자기 생활이 가능했다. 군이 아르바이트생이 직업을 구하지 않아도 될 정도로 이제 그 시간당 가치가 많이 올랐다면, 실물경제는 어떻게 가능할 수 있을까? 올라간 시급에 따라 회사는 오히려 고용하기가 힘들어졌다. 장기적으로 본다면 고용을 해야 더 많이 창출할 수 있다. 모든 회사는 혼자 일할 수 없다. 회사가 더 팽창하기 위해서는 직원을 더 뽑아야 하는데 임금과 고용 자체가 어려워진 것이다. 그래서 양극화가 심해진다.

따라서 가장 좋은 방법은 돈을 많이 풀면 된다. 서울에 투자하고 전철과 가까운 곳에, 그리고 가능한 빨리 투자하면 된다. 돈의 가치는 결국 계속 하락하고 오히려 가지고 있는 부동산의 가치가 더 올라갈 것이다. 이런 현상이 2020년에 들어서 더 큰 양극화를 불러오고 서울에 집중되는 양상을 보이면서 풀린 돈이 더더욱 부동산으로 들어올 것이다. 또한, 현재 건축허가의 규제가 신축을 짓고 싶어도 짓지 못하는 실정이다.

그러면 우리는 어떻게 해야 할까? 실물경제를 하면서 사업을 반드시 하고 집중해야 한다. 그리고 이때 부동산 투자를 반드시 해야 한다. 사업만 가지고는 너무 불안한 사회이기 때문이다.

즉, 2020년 부동산 전망을 요약한다면, 세계경제의 위축과 그에 따른 방향성 상실이다. 기업은 투자하고 개인은 소비하고 국가는 더더욱 공공재를 풀어야 하는데, 어떻게 보면 경제 주최 3인이 각자 가야 할 길을 못 찾은 것이다.

그리고 집중화, 유동성 많이 풀리는 돈은 잡을 수 없는 물과 같다. 물은 계속 흘러가지만 어쨌든 '바다'라는 곳으로 집중화될 것이다. 특히 서울과 같은 도시에 집중화될 것이다. 오닉스 지식산업센터에 투자하는 분들만 봐도 사업을 하시는 분 중에 지점을 내려는 사람들은 지방 사람이다. 이처럼 단순히 지식산업센터의 사례만 보더라도 서울에 집중화는 드러난다.

그리고 규제가 더더욱 심해지면 오히려 풍선효과이다. 그러면 이미 지어진 아파트가 더 올라갈 것이고 전세가도 엄청나게 더 올라갈 것이다. 지금 전세가 2~3억 계속 올라갈 것이라고 얘기한다. 대출을 15억 이상 하는 곳은 대출이 안 된다고 하니 당연히 전세가는 올라갈 수밖에 없다. 계획을 메우기 위해서 자기가 투자할 돈을 '전세자금+투자자금'으로 한다면 30억짜리든 20억짜리든 10억짜리든 전세를 끼고 사면되기 마련이다.

내가 신축한 오닉스 지식산업센터만 보더라도 2020년에 부동산은 계속 가격이 올라간다. 2017년에 지었던 가격으로는 지금 지을 수 없다. 그 견적으로 한다면 건축비가 30% 이상 올라와 있다. 즉, 3년 전의 인건비, 자재비, 화폐가치로 지금 지으라고 하면 절대 지을 수 없다. 이것만 보더라도 현금을 가지고 있는 것보다 자신의 보전 내에서 조금이라도 부동산을 사 놓는 것이 훨씬 더 안정적인 투자이다.

왜 정대표는 지식산업센터를 더 사지 않고 지었을까?

제2장

지식산업센터로
건물주 되는 방법

01 지식산업센터 건축 로드맵

10억에 달하는 지식산업센터 매매를 진행한다고 생각해보자. 매매가를 더 낮추는 방법은 없는지, 지금 사는 게 잘 사는 것인지, 혹시 내부 인테리어를 하는데 바가지 쓰지는 않을지 분명히 고민이 될 것이다. 이미 잘 지어진 10억짜리 지식산업센터 투자에 있어서도 이렇게 프로세스와 방향을 고민하는 사람들이 많다. 하물며 100억짜리 지식산업센터 건축에는 얼마나 더 많은 고민을 해야 할까? 나 또한 지식산업센터 건축을 염두에 두었을 때 처음부터 확신이 선 것은 아니다. 우선 신탁사와 시행사부터 시작하여 2년간 차근차근 100군데 넘게 미팅을 하면서 로드맵을 만들어갔다. 하지만 준공을 마치고 나니 놓쳤던 부분과 조금 더 쉽게 접근할 수 있는 방법들이 존재했음을 알았고 이는 계속해서 아쉬움으로 남는다. 남들은 건축을 마친 빌딩만 보면서 빌딩주라고 부러워하지만, 실제로 그 안에는 수많은 고통을 견뎌야 하는 시간과 힘듦 속에서 어떻게 해서든 방법을 찾아 어두운 터널을 통과해야 했던 시기가 있다. 나는 이 책을 통해서 다른 사람들이 나와 같은 고통을 겪지 않았으면 하는 마음이다. 지식산업센터를 처음으로 투자하는 사람들의 마인드 구축하기 5단계를 적어본다.

첫째, 내가 가진 자금계획 철저히 세우기
둘, 주변 지인 중, 심의 건축 관련된 이들 확인하기
셋, 가용금액 내 집행 및 시설 자금계획 확인하기
넷, 단계별 전문가 섭외 및 일정 계획 도움받기
다섯, 분양계획 및 자가 사용 비율 확인하기

1) 정보 수집과 자금 투자 계획 세우기

지식산업센터를 보유하고자 하는 의지가 강하다면 투자계획을 반드시 수립해야 한다. 투자금액이 얼마나 소요될 것인

왜 정대표는 지식산업센터를 더 사지 않고 지었을까?

지 철저하게 분석한 다음 그에 맞는 땅을 선택해야 한다. 또한, 금리가 낮으므로 대출을 최대한 활용하여 투자 수익률을 올리는 방법을 강구해야 한다. 주거래 신탁사를 선정하는 방법과 은행과 아파트를 비롯한 기타 부동산을 처분하고 지식산업센터를 건축을 시작한다면 처분 예정일에 맞는 자금계획을 세워야 할 것이다.

한국에는 11개의 대형 신탁사가 있고, 증권사는 약 33개 있다. 그리고 33개 증권사에는 자금 세팅을 도와주는 증권사가 20개가 있다. 그 20개는 11개의 신탁사와 우호적이다. 지식산업센터 건축 자금을 세팅하려면 사업성을 보여주는 것이 관건이다. 신탁사들은 사업성만 있다고 판단하면 제1금융 또는 제2금융에서 자금을 만들어 온다. 그렇게 2~3군데 업체에 견적을 내어보고 본인이 가장 유리한 조건이나 증권사 직원이 제시하는 조건 중에서 유리한 조건을 선택해 신탁사, 증권사와 협력할 것이다.

일례로, 나는 KTB증권과 국제 자산신탁(우리 자산신탁)과 협력하여 오닉스 지식산업센터를 시작했다. KTB증권사는 제1금융권의 은행에서 자금조달을 하지 못하고 제2금융권인 저축은행을 통하여 PF자금을 조달하였다.

나는 신탁사 직원을 만나게 될 때, 꼭 꺼내는 이야기가 있다. 나 정성호는 구로디지털에서 20년간 제조 사업을 해왔고 오닉스지식산업센터가 세워질 이 자리, 이 땅에서 10년 이상을 제조공장을 해왔다는 것을 계속해서 강조한다. 그래서 지금 내가 가지고 있는 이 땅에 대해서 누구보다 잘 알고 있다고 말이다. 실제로 나는 20년 동안 구로, 1단지 안에만 있었다. 이렇게 이야기를 마치고 나면 신탁사분들의 눈빛이 달라진다. 많은 신탁사를 만나보니 그들이 투자를 결정하는 요건 중 하나는 사업성이고 다른 하나는 땅주인의 열정이었다. 그래서 내가 직접 어필한 것은 나는 지식산업센터 발전 과정을 모두 경험했기에 비록 오닉스 공장이 대지가 작더라도 소형 평수로 만들어서 분양하면 사업성이 좋다는 것을 계속해서 설명했다. 처음 시작하는 분들을 위한 협상 노하우를 몇 가지 풀어보고자 한다. 우선 신탁사들과 이야기를 할 때는 철저하게 나 자신을 팔아야 한다.

증권사나 신탁사는 결국 수수료를 챙기는 비즈니스다. 증권사나 신탁사는 많은 돈을 모을수록 수수료가 많아진다. 상대방은 수수료가 많고, 자금 회전이 확실하다는 입증을 해야 한다. 그리고 나면 본인들의 네트워크를 통하여 자금 세팅을 한다. 가장 중요한 것은 상대가 나를 확신할 수 있도록 해야 한다. 다시 말하면 수익성이 확실하다는 보장을 해야 한다. 일맥상 돈의 속성과 같다.

나는 설득하는 방법을 외국 바이어를 통해서 많이 배웠다. 설득은 어려운 단어가 아니다. 나의 일상을 그대로 표현해야 한다. 물론 때론 과장, 축소가 따른다. 그러나 이는 상대방도 알고 있다. 과장이나 축소의 범위를 상대방이 용인할 정도, 인정할 정도까지만 하는 센스가 필요하다. 상대방은 나에 대하여 나보다도 더 잘 알고 있다. 왜냐하면 이것은 비즈니스이기 때문이다. 돈이 왔다 갔다 하니 말이다. 보통 협상하거나 설득할 땐 상대가 나를 모른다고 생각한다. 그러나 오히려 정반대다. 상대방은 나를 매우 잘 알고 있다고 생각하고 내가 최선을 다하는 모습으로 상대방과 대화를 하면 상대는 설득이 아닌 친구가 된다. 비즈니스는 친구를 만들고 다음에 사업을 함께 하는 것이다.

2) 투자계획과 동시에 고민을 해야 할 것, 지역 선정

투자 지역 선정이 중요한 이유는 투자금액에 따라서 어느 정도의 규모를 생각할 것인지 인지할 수 있기 때문이다. 예를 들면, 지식산업센터의 경우 모든 부지에 설립할 수 있는 것이 아니라 정부에서 허락한 특정 부지에서만 설립이 가능하다. 이에 해당하는 부지를 찾는 것이 우선이고, 그 근방으로 얼마나 더 많은 지식산업센터가 설립될 지와 기반 시설이 마련되어 있는지를 확인하는 것이 중요하다. 가장 많이 고민하는 것이 우선 부지 선정이니 이것에 대해서 이야기해보겠다.

첫째는 서울이다. 두 번째는 지식산업센터 신축에 대한 규제가 많으므로 사전조사가 중요하다. 한국 산업단지 공단 지자체를 직접 방문하여 경·공업 지역과 준공업 지역을 확인하고 서울에 있는 25개 구청을 직접 방문하여 지식산업센터 신축 계획 및 인허가에 대하여 질의를 하는 것이 가장 좋다. 이를 건축사나 시행사에서 대신해 주는 전문가도 많이 있지만 직접 발품을 팔아 알아보는 것이 가장 좋다. 서울의 구로, 가산, 양평, 영등포, 문정, 가양, 마곡, 문래, 선유도, 성수 등은 앞으로도 개발할 땅이 많기 때문이다. 당연히 모든 이들이 원하는 서울의 지식산업센터 건축이 가장 좋지만, 문제는 상당히 중요한 시공 전후 및 준공 관리를 직접 할 수 있느냐이다. 보통은 거주하는 곳과 관리하는 곳이 거리가 있으면 관리를 남에게 맡기거나 자주 찾아갈 수 없다. 이러한 이유로 아무리 수익률이 좋아도 건물에 대한 관리가 소홀하면 임차인에 대한 입주가 관리되지 않는다. 여기서 관리란 임대료 입금 여부, 공실 체크 여부, 하자 보수 여부, 시세 변동 여부, 민원 해결 여부 등이 있다.

3) 동종 물건 탐색 단계

동종 물건의 대상 지역 중에서 여러 물건을 비교해야 하는데, 통상적으로 본인과 맞는 지식산업센터를 보려면 적어도 매물 100개 이상의 건물은 검토해야 한다. 한번 시행사와 건축에 대한 얘길 하면 그다음부터는 디자인 및 콘셉트 수정이 어려운 부분이 있기에 향후 가치 파악 등을 따져서 지식산업센터의 초안을 마련하는 것이 중요하다.

4) 임대수익 확인 단계

내가 지을 지식산업센터 주변 임대수익을 반드시 조사해야 한다. 지식산업센터는 보통 빌딩이나 상가의 임대시세에 대비해서 진행되기 때문에 상가나 빌딩의 임대시세 대비 얼마나 나가는지 확인해야 한다. 주변 임대료가 너무 높게 측정되어 있다면 그 지역은 유흥시설이나 전문직들이 많을 수 있다. 김포 구래 지구의 경우 상가 임대료가 서울 준강남 급으로 측정되어 있는데 구래 지구에 위락시설 입점이 가능해 나이트클럽 및 마사지 노래방 등에서 현금을 가지고 오는 손님들이 많아 위락시설에 대한 입주 수요가 많기 때문이다.

반면 동부지방법이 있는 문정동의 경우에는 전문직들의 수요가 많다. 세무사, 회계사, 법무사, 변호사 사무실로 가득 차 있기 때문에 문정동 임대료가 비싸게 형성된다. 2020년 현재 적정 임대료는 서울 기준 3~4만 원 사이이고 수도권의 경우 2~3만 원 사이이다. 즉, 이러한 임대료에 대한 기본 생각이 있어야 추후 건물을 분양할 때 수익률 분석이 가능한 것이다. 또한, 각 지역마다 해당 지역의 지구단위 계획, 정화조 용량, 주차시설, 용적률, 건폐율 등이 다른 경우가 있기에 이 모든 것을 종합적으로 판단하는 것이 중요하다.

02 지식산업센터에서 수익률 높이는 상가가 차지하는 영향은?

　지식산업센터 상가는 그 건물의 매매가격에 미치는 영향력 또한 크다. 상가의 영향력으로 인해서 변동이 심하게 작용하는 경우 철저한 현장조사를 거친 뒤 건축 계획을 수립해야 한다. 일반 주거 대상 부동산과는 달리, 빌딩의 경우 상권의 흐름을 잘 파악해야 하며 상권분석을 철저하게 검토해야 한다. 즉, 건축할 때도 상가를 몇 %나 넣을 수 있는지에 대한 규정이 있으므로 이를 반드시 확인해야 한다. 상가 분양에 대한 금액이 커서 보통 상가 분양은 지식산업센터 2개 이상과 함께 묶음 분양을 하는 경우가 많다.

내가 시행을 담당한 오닉스 지식산업센터의 경우도 지하1층, 1층, 2층이 상가다. 나도 이러한 곳들을 어떻게 활용하면 좋을지 고민을 했다. 이 부분은 유튜브 정성호TV <CU편>과 <쟌스빌> 편을 통해 자세하게 전달해 드렸다. 상가에 대해서 요약하면 네 가지 단계로 진행한다.

첫째, 철저한 입지분석으로 최적의 땅을 찾는다.

내가 찾은 땅 주변의 역세권, 관청이나 대형건물 밀집 지역 여부, 인근의 랜드 마크 여부 등이 중요하다. 또한, 지식산업센터는 철저하게 직원들 위주로 일자리를 구하는 것이 대표들의 특성이므로 역에서 얼마나 가까운 곳에 지식산업센터가 위치하는가도 확인해야 한다.

개략적인 입지분석이 끝나면 세부적인 분석을 꼼꼼히 진행해야 한다. 주변 지식산업센터의 공실률과 입주기업에 대한 분석을 알고 있어야 한다. 만약 주변 지식산업센터 1년 공실률이 20%를 넘어간다고 하면 건축에 대한 고민을 다시 해야 한다. 외국기업이나 금융사 프랜차이즈 같은 우량 임차인들이 많이 입주해 있다면 좋은 입지라 봐도 무방하다.

둘째, 계약서를 꼼꼼히 살펴본다.

큰 계약일수록 계약서 조항 하나하나를 믿기보다는 계약서를 들고 있는 상대를 믿는 경우가 많다. 그렇다 보니 계약서를 읽어보지 않고 쉽게 서명을 하는 경우가 많이 있다. 나 또한 시공 계약서를 제대로 쓰지 않고 시작을 했다가 예상치 못한 비용을 물어낸 경험이 있다. 법적으로 지식이 필요하다면 변호사를 찾아가 법률적인 권리관계를 잘 파악해야 하고 등기부상 권리관계 및 임대차 계약, 토지이용계획 확인원, 도시계획, 지구단위계획 여부 등 공적 장부에 대한 법적 검토를 해야 한다.

셋째, 물리적 분석이 필요하다.

발품이라고 한다. 주변 지식산업센터를 분석해서 임차인들이 준공된 지식산업센터에 왜 입주를 하지 않는지 알아볼 필요가 있다. 주변 부동산이나 음식점 등에 들어가서 임차인들의 상황이나 얼마나 자주 바뀌는지 알아볼 필요가 있다. 그냥 빈손으로 가는 것보다는 따스한 커피 하나라도 들고 가면 생각했던 것보다 식당 주인들의 더 많은 이야기를 들을 수 있다. 예를 들면, 외관 상태, 정화조 시설, 전기 안전, 가스 안전, 방화관리, 미화관리, 승강기, 환경관련 시설 등 시설 구조와 관련된 부분을 중점적으로 체크해야 한다. 보통 수익형 부동산의 투자자들은 준공한지 10년 이내의 물건을 탐색하는 것이 좋다.

넷째, 수익률 분석을 통하여 물건의 가치를 확인한다.

아무리 땅 상태가 좋고 입지가 좋아도 수익률이 형편없다면 물건의 가치가 통째로 없다는 의미로 해석해도 좋다. 지식산업센터 투자 시에 기대할 수 있는 수익은 자본이득과 임대수익이다. 그러나 자본이득을 미리 계산하는 것은 쉽지 않다. 가격 상승 요인에는 경기 동향, 수급, 금리 등 다양한 변수가 따르기 때문이다. 하지만 최근 시장 동향을 고려할 때, 자본이득 부분은 보수적으로 계산하는 것이 위험을 줄이는 방법이다. 지식산업센터를 통으로 가지고 있어도 되지만, 부담된다면 일부는 매매 후에 분양을 주어도 된다. 투자자들에게 분양을 할 때도 어떠한 조건으로 분양을 할지가 중요하다. 이러한 분양조건에 대해서도 미리 생각을 해두면 추후 분양을 시작할 때 좋은 조건으로 진행이 가능하다.

또한, 전기, 설비, 토목, 건축, 도면, 전기, 승강기, 기계식주차 안전검사, 미화관리, 시설관리, 보안, 각종 용역계약, 국세 미지방세 완납 증명서, 환경개선 부담금, 교통유발부담금, 도로점용료 납주 증명서 등 물리적으로 들어갈 서류와 돈이 많아지므로 이에 대한 대비책을 언제든 세워두는 것이 좋다.

지식산업센터에서 수익률 높이는 상가가 미치는 영향은?

지식산업센터를 지으려면 현금이 얼마나 있어야 할까? 지식산업센터를 매매하고 임대를 놓는 것에 대해 많은 이들이 깊은 고민을 한다. 하물며, 지식산업센터를 짓는 것에 대해서는 얼마나 더 많은 자료를 찾아보고 고민을 할까? 아시는 분 중에 지식산업센터를 처음으로 짓기로 한 한 분은 그동안 사업을 잘 운영해서 10억 정도의 현금을 가지고 있었다. 이를 가지고 지식산업센터를 지어보려고 하는데, 도저히 계산에 감이 잡히질 않는다고 했다. 2020년 지금 시점에서 지식산업센터를 지으려는 사람들은 PF자금을 비롯해서 약 10%의 자금만 있으면 가능하다. 부동산 재테크를 하려면 주거래 은행을 하나 만들어두고 또한 주거래 부동산 중개업자를 사귀라는 말이 있다. 이처럼 일상생활에서 은행과 부동산 중개업자는 재테크의 밑거름이다. 부동산을 취득할 때 돈이 부족할 경우 대출을 받기도 하지만, 자산가들은 세금 문제 때문에 대출을 진행하는 경우가 많다. 자금 출처 문제를 밝히기가 쉽고 또 나중에 탈이 없기 때문이다. 그래서 일부러 현금이 있음에도 대출을 받는 것인데 이러한 대출과 상환을 반복하다 보면 신용점수가 높아져 추후 지식산업센터 건물을 지을 때 도움이 된다. 지식산업센터 건축은 일반 건축과 다르다. 일반 건축은 본인이 살기 위해서 또는 전세나 매매를 하기 위해서 건축을 하지만 지식산업센터 건축은 수익률을 위해서 진행하는 것이다.

20년간 꾸준히 사업을 하면서 부동산을 한두 개씩 사 모은

김진호씨가 있다. 김진호씨는 종잣돈과 앞으로의 사업을 통해서 꾸준히 발생할 현금을 가지고 무엇인가를 만드는 것이 목표다. 어떤 것을 만들지 계속 고민을 하던 차에, 종잣돈 5억을 가지고 지식산업센터를 설립할 수 있다는 것을 알게 되었다. 정말 그럴까? 2%대를 넘어 1%, 나아가 일본처럼 제로금리인 저금리 시대가 점점 다가오고 있기에 실질적인 수입인 "월세" 투자에 대해서 고민을 하는 경우가 많이 있다.

얼마 전까지는 원룸을 짓는 것이 유행이었다면, 이제는 너무나 많은 원룸의 공급에 원룸 자체에 대한 희소성은 떨어졌다. 그러면 어떤 것이 좋을까? 바로 지식산업센터이다. 그것도 서울에 말이다.

TIP) 과연 5억으로 지식산업센터 건축이 가능할까?

땅을 가지고 있는 상황에서 신축 프로젝트가 50억이라고 하면 내가 필요한 자본으로 10%는 있어야 한다고 한다. 즉 5억 내외가 필요하다. 땅이 있다면 이 땅을 담보로 건축 비용의 80%이상 어떨 때는 100%까지 대출이 나온다. 서울에 땅이 있고 현금이 5억 이상 있다면 지금이라도 당장 지식산업센터 건축을 알아보면 된다.

왜 정대표는 지식산업센터를 더 사지 않고 지었을까?

03 지식산업센터 VS 원룸 VS 꼬마빌딩

빌딩 매매와 건축 둘 중에 수익률은 어떤 것이 더 좋을까? 회사가 점점 어려워지면서 나도 오닉스 공장을 매각하려고 했다. 하지만 오닉스 시스템 재정이 힘들고 직원들 파업 사실이 주위에 소문이 퍼져 근처 거래처 은행에서부터 대출이 어려워졌다. 보통 빌딩을 소유한 사람들끼리만 알음알음 거래한다. 누가 어떤 빌딩을 산다더라, 또는 어떻게 돈을 준비한다더라, 등의 소문이 나면 가격은 떨어지고 다른 사람의 방해로 거래 자체가 잘 되지 않는다. 나 역시 파산한 소문이 빠르

게 번져 매각이 어려웠다. 주위 회사에서는 오닉스 부지를 사서 신축을 시도했으나, 헐값에 인수하려고 해서 매물을 회수했다. 그래서 나는 마음속 분노와 지인들의 배신감으로 직접 신축 해야겠다는 결심을 했다. 부동산은 아무에게도 말하면 안 된다.

실제로 나는 2006년 75억에 부동산에 내놓았다. 그런데 부동산에서는 60억으로 받아준다고 했다. 또한, 주위 회사에서 부지를 사기 위해 나를 만나면 50억까지 떨어뜨려서 얘기했다. 중요한 것은 50억의 문제가 아니다(물론 50억에 계약을 한다고 해도 안 했을 것이다). 그들의 태도는 마치 내가 망하기만을 기다리는 느낌이었다.

그래서 나는 매각을 취소하고 회사가 망하는 직전까지 버티겠다는 결심으로 임대만 일부 주고 제조업을 하면서 시간을 연장하고 신축의 기회를 노렸다. 1층 수위실과 창고를 없애고 오닉스 갤러리 카페를 만들었다. 여기서 나는 1년 동안 커피숍을 운영하면서 세상을 배웠다. 수많은 사람들이 이곳에서 자신의 이야기를 해주면서 내게 아이디어를 줬다.

커피숍도 내가 하려는 게 아니라 임대를 왔던 3층의 화가들이 소개한 사람이 망한 가게를 반값에 사서 서로 돕고 살자는 마음으로 시작했다. 생전 해보지도 않던 커피숍이 잘 될까 싶었지만, 해외에서 경험한 커피숍 운영이 큰 도움이 되었다. 또한, 땅에 대해서도 더 많이 알게 되었다.

카페에 오는 사람들은 단순히 미팅으로 오기보단 내 소문에 더 관심이 많았다. 나도 몰랐던 사실이다. 이미 주위에선 내가 땅을 내놓았다는 소문이 다 퍼져 내가 망하는 것으로 소문이 나 있었다. 커피숍을 하지 않았다면 전혀 들을 수 없는 내용을 커피숍을 통해서 들었다. 주위의 정보는 아주 가까운 곳에 있었다.

여기서 상권도 배웠다. 오닉스 지식사업센터를 설계하고 상가의 분양 및 상가 위치를 잡으려고 노력할 때 아이디어를 얻을 수 있었다. 사실 오닉스 기존 공장은 40년 이상 된 건물로 너무 노후화되어서 보수 비용이 많이 들고 유지하기가 힘들었다. 신축해야 했지만, 자금이 부족하고 신축에 대한 경험이 전혀 없어 걱정이 많았다. 하지만 커피숍을 하면서 사람들의 부동산에 대한 정보, 신축에 대한 정보, 땅값, 분양에 대한 정보들을 주워들었다. 나는 그 정보를 메모하고 정리하면서 신축에 대한 꿈을 키웠다. 신축은 내게 큰 도전이었지만 커피숍, 혹은 밑바닥에서 들은 정보가 큰 도전을 가능하게 만들었다. 땅값, 건축비 부풀리기에 대한 정보도 하루가 멀다하고 들었다. 하지만 사업 경험이 쌓인 내가 저들보다 못할 것은 없었다. 자신감과 확신으로 2년간 신축을 준비했다.

부동산을 가지고 있으면서도 제값을 받을 수 없는 상황에 이르면 주위에서 더 가치를 낮춰 싸게 사려고 하기 때문에 오닉스 부동산 중개 법인을 만들었다. 스스로 자기 부동산에 대한 가치와 정보를 정확하게 알고, 또한 고객에게 올바른 정보를 주고 싶어서 중개 법인 사무실을 운영하기로 마음먹었다.

현재는 잘 마무리하여 오닉스 지식산업센터의 가치가 400억이 훨씬 넘었다. 만약 그때 팔았다면 100억으로 끝났을 것인데 지금은 가치가 6배나 올라가 있다. 당시 땅값이 2,000만 원이었고 현재는 4,000만 원이 넘는다. 시간이 지나갈수록 땅값은 계속 상승하는 것을 실감했다.

내가 가진 땅을 10배로 상품화 하는 방법

땅은 어떻게 개발하느냐에 따라서 가치의 차이가 너무 크다. '땅'이라는 상품을 팔기 위한 마케팅을 위해서라면 신축 역시 본인이 직접 하는 것이 좋다. 자신의 땅을 가지고 기다리다가 신축을 해서 올바른 가치를 인정받았으면 한다.

땅을 매매하려면 세금을 많이 낸다. 양도소득세가 많아서 땅을 가진 사람이라면 절세를 위해서도 신축을 선택할 것이다. 즉, 신축은 위험성이 크지만 절세의 효과가 엄청나다. 그 이유가 뭘까? 일반적으로 땅을 매매하는 것보다 건축이 좋은 이유는 수익률에서 엄청난 차이가 나기 때문이다. 50억을 가지고 있다면 500억의 건물 프로젝트를 충분히 해낼 수 있다. 대출때문이다. 하지만 매매를 한다면 50억에 대한 가치만 딱 인정받고 끝나게 된다. 즉, 매매와 신축은 10배 이상의 차이가 있는 것이다.

왜 정대표는 지식산업센터를 더 사지 않고 지었을까?

절세, 양도차익, 비용처리, 물가 상승에 따른 가치 상승

지식산업센터 신축에 대한 장점을 말해보라고 하면 나는 절세, 양도차익, 비용처리, 물가 상승에 따른 가치상승 이 네 가지를 자신 있게 말할 것이다.

얼마 전 돌아가신 롯데의 신격호 회장이 왜 잠실같이 좋은 땅을 20년 동안 묵혀두었다가 개발을 하는가를 신축을 하면서 느꼈다. 잠실 제2 롯데월드, 서초동의 롯데칠성 유통사들이 왜 묵히는지 말이다. 구로디지털단지나 가산디지털단지에 있는 제조사들이 공장을 가지고 있다가 신축을 하면서 엄청난 부자가 된다고 한다. 나 역시 구로에서 10년 이상 땅을 가지고 있다가 오닉스 지식산업센터를 신축 한 후, 제조업을 하면서 가지게 된 100억 이상의 부채를 정리할 기회를 가졌다.

그러니 힘들지만 땅을 가지고 사업을 한다면 끝까지 버티고 버텨라. 마지막에는 신축해서 분양이나 매각을 하면 지금까지의 어려움에 대한 보상을 충분히 받을 수 있다.

원룸 대단지 vs 지식산업센터 건축 장단점

원룸 건축과 지식산업센터의 건축 장단점에 대해서 간단히 이야기해보고자 한다. 원룸 건축의 경우 원룸이라는 거주형 상품이기 때문에 언제든지 자리만 있으면 건축이 가능하다. 반면에 지식산업센터는 제한된 장소에서만 건축이 가능하다. 또한, 원룸은 1층에 상가를 넣을 수 없어 수익률을 올리기 어려운 반면, 지식산업센터는 1층부터 3층까지는 상가를 넣을 수 있어서 수익률을 올리기에 충분히 가능하다. 마지막으로 세입자인데, 아마 주택임대사업을 해보신 분과 상가 임대사업을 해보신 분들을 이해하겠지만, 원룸건축과 지식산업센터의 세입자에게 신경 써야 할 부분은 완전히 다르다. 이러한 두 가지 장단점을 살펴보면서 자본금 5억으로 원룸을 지을지, 아니면 지식산업센터를 지을지 살펴보는 것을 다시 한 번 추천한다.

건축이라는 면에서 두 개 다 어려운 점이 있다. 하지만 원룸건축의 경우, 세입자가 일반인 또는 가족이라는 것, 지식산업센터의 세입자는 사업자라는 점에서 명백히 차이가 있다. 또한, 원룸은 사람이 거주하는 곳이므로 쓰레기, 주차 등의 관리 문제가 24시간 지속적으로 발생하기에 보통 원룸을 건축하고 관리하는 데에만 주인이 하루 종일 신경을 쓰기도 한다. 또한, 개별 매매보다는 통으로 매매하기에 관리 주체나 관리실을 만들기에 애매할 수 있고, 세입자들의 관리비가 그렇게 비싸지 않기 때문에 관리비 정산에 대해서 문제가 생길 수 있다.

꼬마빌딩 건축 vs 지식산업센터 건축

지식산업센터를 지으려고 고민하던 10년 전, 강남 일대에 붐이었던 꼬마빌딩과 지식산업센터 건축을 비교해봤다. 꼬마빌딩 건축의 경우 1금융권 대출과 PF를 활용해서 진행한다는 점, 세입자가 모두 사업을 하는 사업자라는 점이 비슷했다. 하지만 꼬마빌딩의 경우, 상업지라는 점에서 땅값이 비쌌고, 땅 자체 작업이 어려웠다. 또한, 국가에서 지원해주는 사업이 아니라서, 일정 구역이 아니라 계속해서 지어질 수 있다는 점이 있었다. 반면 지식산업센터의 경우, 한번 지어진 곳은 국가 주도로 관리가 가능하고, 지식산업센터를 지을 수 있는 부지를 한정하기 때문에 전체적인 경쟁력에서 우위가 있다.

04 누구도 알려주지 않는 지식산업센터 지을 때 주의할 점 3가지

지식사업센터 건축을 할 때 가장 확실한 것은 본인이 사업하는 현장 바로 옆에 짓는 것이다. 당연한 이야기지만, 자신만큼 자신의 지역에 대해서 제대로 알고 있는 사람은 없다. 즉, 본인이 건물 근처의 상황을 가장 잘 안다. 몇 시에 사람들이 많이 다니는지, 언제 사람들의 유동인구가 줄어드는지 정확하게 알고 있다. 대부분은 이러한 사실을 모른 채 나름 유명하다는 곳에서 시세 조사를 하는데, 오히려 본인 상권에서의 이동이나 사람의 동선이 더욱 중요하다.

왜 정대표는 지식산업센터를 더 사지 않고 지었을까?

그래서 이번에 내가 오닉스 빌딩을 지을 때 가장 중요하게 생각한 것이 바로 1, 2층 상가이다. 오래전부터 수많은 나라를 다니면서 느낀 것은 상가가 살면 그 건물이 살았다는 것이다. 반대로 상가가 죽으면 그 건물이 죽었다. 그래서 나는 무엇보다 상가를 살리기로 했고 그 중에 가장 먼저 한 것이 유명 프랜차이즈를 유치하는 것이었다.

오닉스 1층에서 CU를 유치하면서 담배 유동인구가 하루에 200명 이상 겨울에는 500명 이상 방문하게 하는 것이 목표이고, 오닉스 2층에는 쟌스빌이라는 부대찌개를 유치하여, 식사 및 저녁 시간 직장인들의 동선을 잡기로 했다.

확실히 비어있던 곳에 유명 프랜차이즈 상가가 들어오니 많은 유동인구가 눈에 보이면서 건물이 살아있다는 느낌이 들었다. 또한, 상가 운영도 상가 점주에게 월세 부담을 주는 것이 아니라, 공동으로 운영하면서 서로 수익을 나누는 형식으로 진행하니, 서로 오랫동안 함께할 수 있는 방안을 계속 연구하게 된다.

준공 후 임대 및 분양 시 주의점

시공사와 공사비가 협의되지 않으면 시공사는 잔여 세대의 임대 혹은 매매하지 못하게 한다. 시행사는 모든 비용을 지불하므로 모든 재정적 압박을 경험한다. 여기에다 돈이 없는 시행사라면 시공사의 전략과 사기에 백기를 들 수밖에 없다.

시행사는 모든 자금을 신축하거나 허가받는데, 혹은 진행하면서 추가 건축 비용으로 자금을 대부분 소진한다. 준공 이후, 건물 유지관리의 여유 비용을 넉넉히 준비하지 않으면 시공사의 추가 비용 요구에 무릎을 꿇을 수밖에 없다. 나 역시 준공하면 바로 자금 회전이 될 줄 알았다. 하지만 시공사의 무리한 추가 공사비 요구와 매각 지연으로 엄청난 자금 압박을 받았고 돈을 벌기 위해 상가를 오픈할 수 없었다.

나는 시공사와 협의하는 시간을 가지면서 많은 일을 했다. 혼자 페인트칠 및 바닥 작업 등의 인테리어를 하고, 오닉스 호프를 열고, 미완성의 스크린 골프를 준비하고, 커피숍을 오픈하며 기업은행에서 시설자금 대출을 받기 위해 노력했다. 상가를 시행사 이름으로 소유권 이전 등기를 한 것이 가장 잘한 선택이었다.

시공사는 미분양물을 담보로 무리한 추가 공사비를 요구하면서 나를 부도 직전까지 몰고 갔다. 준공 후 10개월 이상 손가락만 빨면서 지갑에는 현금이 없을 정도로 힘든 상황을 버텼다. 축의금을 낼 돈도 없을 정도였다. 아이들 용돈마저 주지 못할 정도로 자금이 말랐다. 그래서 마지막에 백기를 들고 무리한 요구에 합의했고 수없이 울었다. 지금도 그 생각만 하면 자다가도 벌떡 일어나서 후회한다.

나는 '아투연'을 통해서 유튜브를 접했고 나의 이야기를 하나씩 전달했다. 구독자들의 많은 공감에 힘입어 유튜브 <정

왜 정대표는 지식산업센터를 더 사지 않고 지었을까?

성호TV>를 개설했다. 구독자와 소통하면서 오닉스 지식산업센터를 매각하고 자금을 지불하며 하루하루를 버티고 있다. 구독자 분들이 나처럼 실패하지 않도록 사실 그대로 경험한 것을 들려줄 예정이다. 오히려 나의 어렵게 성공한 이야기 덕분에 매매하러 오시는 분들은 흔쾌히 나를 믿고 맡긴다. 이제 많이 팔고 남은 것이 얼마 없다. 이제야 마음의 여유가 생겨 살았다고 생각한다. 지금도 시공사만 생각하면 눈물이 앞서고 화가 난다. 앞으로 나는 신축을 한다면 시공사의 부당한 요구에 대하여 정확한 확인을 할 것이다. 유튜브를 통해서든 오닉스 카페에서 만난 인연이든 앞으로 내가 나아갈 길에 인연이 될 것을 믿어 의심치 않는다.

제3장

본격적으로 지식산업센터 짓는 방법

01 지식산업센터 토지 매입 요령

지신산업센터 신축을 위해 알아야 할 것이 바로 토지이다. 항상 반듯한 토지만을 생각하는 건축주들이 대부분이다. 하지만 내가 지은 오닉스를 와봤거나 실제로 방문해본 사람들은 오닉스 땅 모양이 '세모'라는 것을 알 수 있다. 내가 오닉스 땅을 처음 매매할 때 세모인지 동그라미인지 고려할 처지는 아니었다. 매일같이 드나드는 수십 톤의 차량 때문에 당장이라도 나는 부지를 구해야만 했다. 마침 당시에 비어 있었던 지금의 오닉스 부지를 보고 여기다 싶어서 어쩔 수 없이 구매했다. 사실 모든 무덤이 사연이 있듯이 모든 땅도 사연이 있다고 생각한다. 내가 구매한 땅도 일본인 소유의 땅이었다. 그가 한국에서 사업을 했는데, 이후에 사업 파트너와 문제가 생기면서 한국을 빨리 떠나고자 땅을 급하게 내놓은 것이다.

 여기서 잠깐, 좋은 땅을 구하는 것에도 요령이 있다. 바로 소문을 내는 것이다. 많은 이들이 땅을 살 때 소문을 내는 것은 좋은 방법이 아니라고 말한다. 하지만 나는 땅을 사려고 마음 먹었을 때 동네방네 소문을 내고 다녔다. 그랬더니 나도 모르는 곳에서 내 이야기를 해주었고, 결국 나는 남들보다 어렵지 않게 땅을 구입할 수 있었다. 또한, 토지를 매입할 때 추천하는 것은 무조건, 현장에 임장을 가보라는 것이다. 특히나 오랫동안 믿고 거래해 온 사람일수록 땅은 이야기만 듣고 사는 것이 아니다. 처음 구로의 오닉스 땅은 잘 샀다고 생각이 들어서 다음 해에 추가로 수도권 창고 겸용 땅을 알아보았다. 경기도 이천에 위치했는데, 창고로는 좋은 땅이었지만 임대를 주거나 새로운 건물을 짓기에는 부적합했다. 나는 현장에 한 번도 가보지 않고 단순히 지인을 통해 땅을 사게 되었고 이 땅은 아직도 나에게 애물단지로 남아있다. 그 이후로 나는 땅은 무조건 보고 사야 한다고 생각이 바뀌었다.

 모든 부동산은 매입 타이밍이 중요하다. 바뀌는 정책에 의하여 시세가 크게 변동되고 자본주의 국가에서 반드시 나타나는 경기순환 사이클의 주기가 찾아오기 때문에, 호·불황의 시기에 따라 시세가 차이 나고 급매도 나와 선택의 폭이 넓다. 땅 투자에서 단기 투자를 바라는 것은 금물이다. 대체로 개발 시기가 수년이 걸리며 현 상태에서 볼 때 개발된 곳은 이미 시세가 반영되었기 때문이다. 또한, 토지는 환급성이 다른 부동산에 비해 떨어지므로 최소한 자기자본을 80% 이상 가져야 좋다. 즉, 대출을 받더라도 대출이자 정도는 충분히 감당할 수 있어야 한다.

건축을 하려는 사람들의 꿈은 누구나 같은 평수에 가능한 많은 호실을 넣는 것이 목표일 것이다. 따라서 먼저 계획도면(가설계)을 그려야 한다. 종종 설계자에 따라 좀 더 실용적인 평면 계획으로 달라지는 경우가 많다.

자주식 지하주차장 vs 기계식 주차장

여의도나 강남에서 일해본 사람들 모두 공감하는 것은 주차장이 협소하다는 것이다. 심지어 돈을 내고 주차를 하려고 해도 받아주는 주차장이 없고 그마저도 리프트식이다. 부설 주차장 법령상 세대 당 0.5대 이상의 주차장을 확보하기 어렵고, 건축 허가 시에는 적은 세대로 허가를 받아 주차장을 적게 확보하고, 준공 후 사무실이나 베란다는 늘리되 주차장을 추가로 늘리지 않은 상태에서 단지 임대수익을 더 늘리려 하기 때문에 발생한 문제다. 이러한 주차장 부족의 문제로 사업장은 늘어나는데 주차장은 그대로여서 세입자는 인근 도로변에 불법주차를 하게 되는 불편을 겪고, 불법 주차로 인해 인근 주민들이 피해를 볼 뿐만 아니라 소방차나 구급차량의 진입이 어려워 더 큰 2차 피해가 발생하게 된다.

　내가 지은 오닉스 지식산업센터도 물론 이런 문제를 겪었다. 리프트임에도 불구하고 오닉스는 주차 대수를 충분히 확보하고 있다. 리프트에 대해 많이 오해하는 것이 입구가 좁고 큰 차는 못 들어간다는 오해이다. 하지만 초보운전자들도 한 번 해보면 안정감을 느끼는 리프트가 최신식 유압식이라서 유연하고 안전하다. 리프트를 통해서 주차가 어렵다면 오닉스 지식산업센터 주변 대지가 한국 산업단지 공단과 인접해 있어서 추가적인 주차가 가능하다. 하나 알아야 할 것이, 450평 이하는 자주식 지하주차장이 나오지 않는다. 당시에 나는 어쩔 수 없이 리프트식으로 했지만, 안전한 유압식으로 선택했고 공간을 넉넉하게 해서 스타렉스와 1.5톤 트럭까지도 가능하다.

　구로디지털단지내의 지식산업센터들도 초창기에 지하 일부 자주식 주차와 옥상 리프트를 겸용했다. 이유는 지하를 많이 파서 주차장을 확보하면 건축비가 너무 많이 들어서 주로 리프트를 사용했기 때문이다. 지금은 리프트도 상당히 개량되어서 안전하고 편하다. 입주자분들도 큰 문제없이 사용하고 있다.

토지매입 TIP

도로 개설 예정과 주변 개발과 연계된 곳이어야 꾸준한 지가상을 기대할 수 있고 도로와 진입로는 무조건 확보되어야 건축 허가가 난다. 또한 땅 모양이 네모로 반듯해야 한다. 도로와 높이가 같지 않으면 조금 낮은 곳을 지하 1층으로 사용할 수 있다. 지세라든가 토지 이용 제한 여부, 주변 여건과 주변 시설 등을 꼼꼼히 따져야 한다. 전망이 사방으로 트여야 하고, 앞으로의 개발·계획 중에 내 건물보다 높은 곳은 없어야 한다.

본격적인 지식산업센터를 위한 토지 매입 요령 TIP

주변 중소 대기업 사업장의 개수와 연봉 수준을 알아본다. 음식점, 편의점, 기반 시설의 개수를 알아본다. 지하철, 버스 노선 등 대중교통 근접성을 고려하여 지구단위계획구역 지정 여부를 확인하고 구청에 개발 제한 사항 등을 문의한다. 기부채납을 관련 구청에 문의한다. 10군데 이상 설계사무소를 통한 가설계로 수익성을 충분히 검토해본다. 주변 건물과 비교하고 시세 조사를 통하여 수익성 분석에 참고한다. 신축 공사 시, 인접하고 있는 토지와 문제가 발생 될 소지를 확인한다.

건축 타당성

"대지가 북향이고, 삼면이 도로네. 주변에 유동인구가 꽤 많은듯하니 임대는 잘 될 것 같다. 수익성 분석을 해봐야겠지만, 부동산 가격은 토지를 끼고 있는 한 떨어지지 않으니 건축하는 게 좋다.

건축 공정

"일단 건물 설계를 하고, 세움터 통해서 건축 허가 신청을 해야 해. 건축 허가가 나면 시공사를 선정하고, 본 공사가 시작돼. 시공은 건축주 직영 공사도 있고, 전문 시공사에 맡기는 방법도 있다. 이 정도 대지 규모에 건축한다면 공사는 5~6개월 정도, 장마 전에 골조 공사를 끝내면 내부 마감은 비가 와도 상관없이 진행할 수 있다."

건축비

"설계비와 건축비는 사실 천차만별이야. 어떤 디자인, 마감재를 사용하는지에 따라 비용은 달라질 수 있다. 다만, 주택의 경우 거실, 방, 부엌 등의 인테리어 비용이 많이 들고, 상가 건물의 경우는 그렇지 않으니까 아무래도 공사 비용이 덜든다."

임대 가능 여부 및 수익성

"일단 건물 주변 권리금, 보증금, 월세를 알아봐야 한다. 그리고 주변에 어떤 상가들이 있고 어떤 상가가 없는지, 점포 면적은 보통 얼마나 되는지 등 주변 상가들의 불만 사항을 들어보고 분석하는 게 좋다. 우선은 그 동네에 유동인구는 많은데 주변 건물들이 대부분 노후화되어 새 건물에 대한 수요가 클 것으로 보인다. 요즘 노후대비를 위해 수익형 건물에 대한 수요도 크니, 건축하는 게 좋다. 임대는 잘 될 것 같다."

기존 세입자 명도

"그런데 기존 건물에 세입자가 있다면 이들을 명도하는 것도 쉽지 않다. 상가임대차보호법에 보면 계약기간이 종료되지 않았을 경우 고려해야 할 것이 많다. 또한, 아무리 법정 계약 기간이 종료되었다 해도 한자리에서 오래 생업을 유지해온 사람들에게는 일상에 큰 변화를 초래하는 것이니 이점을 고려해야 한다."

제일 어려운 것이 명도이다. 그래서 건축을 마음먹었으면 건축한다는 말을 하지 말고 세입자를 내보낼 방법을 찾아야 한다. 세입자가 건축한다는 정보를 알면 세입자는 더 많은 이주비용을 요구한다. 그래서 나는 처음에 전혀 신축한다는 말을 하지 않고 비밀리에 건축에 타당성, 인허가 과정을 진행하고 한편으로는 세입자의 기간 만료와 신축 시기를 적절히 조절하면서 미리 건축 허가를 준비했다. 그럼에도 세입자는 신축한다는 소문이나 정보를 듣고 버티기를 한다. 소위 '알박'이라고 한다. 내가 알아본 바로는 신축을 위해서 멸실을 해야 하는데, 이게 안 돼면 3년 이상 걸리는 경우도 있다. 예를 들어 강남의 삼성 건물 근처에 세입자가 나가지 않아서 법적으로 진행을 하지 못했다.

지금처럼 상가임대차보호법이 길게 보장이 되면 신축을 하기에는 더더욱 어렵다. 그래서 신축을 하려면 미리 세입자와 협의를 잘해서 추가 비용을 들이더라도 세입자를 빨리 정리하는 것이 돈을 아끼는 것이다. 나 역시 세입자들이 신축한다는 소문을 듣고 이사 비용을 추가로 요구했다. 그래서 나는 어쩔 수 없이 추가 비용을 마련해서 더 주었다.

심지어 한 명의 인테리어 업자는 3층 지붕의 반을 잘라버려 한쪽을 내보냈다. 하지만 나머지는 수도 배관이 터져서 길바닥에 얼음이 생겼는데도 나가지 않고 계속 버텼다. 막판에 막무가내로 2,000만 원을 더 달라고 하다가 잘 협의해서 1,000만 원으로 끝냈다. 임대비도 800만 원 있었지만 못 받았다. 전기 사업과 교육사업자들은 사무실을 비우고 지붕이 날아갔는데도 500만 원을 더 주었다. 건축을 잘 아는 사람들이 더 힘들게 한다. 교육사업을 한 사람도 계약이 자동 연장이 되어서 나갈 수 없는 분들이 있을 때는 명도를 잘 고려해서 공사 계획을 세워야 한다. 신축은 명도에서 판가름이 난다

왜 정대표는 지식산업센터를 더 사지 않고 지었을까?

고 해도 과언이 아니다.

인허가를 받을 때도 동네 주민들이 심한 반대를 해서 힘들었다. 특히 노인들 10명 이상이 동장과 구의원을 대동하고 구청장실을 점거하면서 농성을 하였다. 이유는 간단하다. 주차장 입구를 뒤로 내는 것을 반대했다. 나는 주차장이 앞으로 나가면 도로가 막히므로 공공의 손실이 커서 주민과 함께할 수 있게 뒤로 주차장을 내는 것이 더 적합하다고 설득하였으나 동네 주민들이 반대하였다. 그래서 6개월 이상 주민의 반대로 지연되었다. 그렇게 나는 집 한 채를 또 날렸다. 이자 때문이다. 소득이 하나도 없는 상태에서 신축을 기다리다가 시간만 지나간 꼴이다. 그때 나의 첫 번째 지식산업센터 이스페이스의 307호를 매각해서 또 한 번 버텼다.

건축 상식

토지의 종류

토지의 종류('지목'이라 한다)는 28가지가 있다. 전(물을 상시 이용하지 않는 식물 재배용 토지), 답(물을 상시 이용하여 식물 재배하는 토지), 과수원, 목작용지, 임야(산지), 광천지(지하에서 온수, 약수 등이 용출되는 토지), 염전, 대(주택이나 상가 건물을 지을 수 있는 토지), 공용요지, 학교용지, 주차장, 주유소용지, 창고용지, 도로철도용지, 제방(방조제, 방파

제용 토지), 하천, 구거(용수 및 배수를 위한 인공적인 수로, 둑용 토지), 유지(댐, 저수지, 호수), 양어장 수도 용지, 공원, 체육용지, 유원지, 종교용지, 사적지, 묘지, 잡종지(양적장, 비행장, 채석장 등)를 말한다.

인허가는 지자체 몫이다. 그러므로 지자체에 있는 건축과에 직접 방문하여 상담하는 것이 가장 안전하다. 물론 전문가에게 물어보는 것도 시간과 비용을 아끼는 방법일 수 있다. 그러나 본인이 전체적인 흐름을 알지 않고는 건축에 뛰어들지 말라. 특히 우리는 말단공무원이라고 하면 무시하는 경향이 있다. 그러나 모든 밑바닥 정보는 그분들에게 있다. 그분들은 정말 성실하다. 마음을 터놓으면 그분들에게 가장 효과적인 노하우를 배운다. 비용도 들지 않는다. 시간을 가능한 많이 투자하여 친해지는 것이 좋다. 부동산은 한번 짓고 나면 최소 50년 동안 변하지 않는다. 그러므로 인허가와 관련된 담당 공무원과 친해지는 것이 부동산 중개사무소와 친해지는 것과 비슷하다. 커피를 마시고 밥을 먹고 발품을 팔고 본인을 솔직하게 표현해주기 바란다. 그러면 상대방도 지금까지 알고 있는 땅에 대한 모든 정보를 알려준다. 내가 모르는 정보까지 알고 있다. 우리는 보통 자기 땅은 자기가 제일 잘 안다고 착각한다. 아니다. 제3자, 특히 담당 공무원이 가장 정확하다.

02 건축물 사전조사 및 좋은 감리사 건축사 만나는 법

신축할 대상지를 찾고 주차장 부지 및 관공서 인가까지 확인을 하였다면, 이제는 신축 단계로 가는 시행사와 시공사 선정이 굉장히 중요하다. 시행사는 기획부터 분양을 맡는 주최를 말하고 시공사는 이를 건축하는 회사를 말한다. 오닉스의 경우 시행사는 내가 직접 진행을 했기에 별도로 선택을 하지 않았고 시공사의 경우는 100군데 넘게 연락을 하고 직접 만나보았다. 모든 일이 그렇듯 100군데를 만나보면 80군데는 하위권, 열 군데는 중위권, 나머지 상위권 열 군데를 놓고 고민을 하게 된다. 업체 선정 시에는 사업자등록증과 건축공사

왜 정대표는 지식산업센터를 더 사지 않고 지었을까?

업 면허를 반드시 확인하고 신뢰성과 책임감이 있는 업체를 선정해야 한다. 업체 사업장도 직접 확인하고, 사업자등록증과 업체 사업장 주소가 같은지 확인해야 불법 시공업체에 따른 피해가 오지 않는다.

지인, 그리고 가까운 업체라고 해서 꼭 좋은 업체만은 아니다. 나 또한 지인이 소개해준 업체라거나 공사장에서 가까운 업체라서 쉽게 시공을 맡겼다가 고생한 것을 생각하면 다시는 그러한 방법으로 시공사 선정을 하지 않으리라 맹세하게 된다.

시행사, 시공사에 대한 개념이 잘 잡히지 않는다면, 쉽게 인테리어 공사를 생각하면 된다. 실내 인테리어를 할 때, 인테리어에 대한 전반적인 기획을 해주는 사람이 시행사, 이를 실제 실천해서 제대로 해주는 곳을 시공사라고 한다. 하지만, 인테리어를 해본 사람들은 공감하겠지만, 실제 초기 비용보다 인테리어를 하면 할수록 더 많은 비용이 들어간다. 배관이 낡았다든지, 벽지 뒤에 곰팡이가 있어 새로 해야 한다든지 같이, 추가 비용이 계속해서 들어가서 총비용이 초기 공사비용의 1.5배가 나오는 경우가 허다하다. 이 때문에 항상 시공사와 집주인 간의 싸움이 일어나고 결국 법정 소송까지 가는 경우도 있다. 천만 원짜리 인테리어 공사도 그런데, 수백억 프로젝트는 어떨까? 나도 오닉스를 시공하면서 시공사의 초기 견적보다 35억이나 높게 요청받았다. 처음에는 3억 5천인 줄 알았지만, 자세히 보니 35억이 맞았다. 생돈 35억, 초기 공사 시에는 전혀 예상치 못한 35억이 추가로 들어간 견적서를 보니 할 말이 없었다. 처음 건축을 하는 이들은 신축부지가 마음에 들어도 과연 건축 설계가 어떻게 나올지 궁금한 것이 한두 가지가 아닐 것이다. 전문분야조차도 땅을 파야 여기에 암석이 얼마나 있고, 땅의 토질이 무엇인지 알기 때문에 우선 땅을 파보는 것이 가장 중요하다.

좋은 건축사, 감리사와 일하는 방법

지인을 통해서 소개를 받는 방법, 구청 건축과 직원을 통해서 받는 방법, 증권사나 은행을 통해서 만나는 방법이 가장 좋다. PF를 했기 때문에 자금을 빌려준 은행에서 감리사를 선정하고 건축 진행과정을 감독하였기 때문에 큰 어려움이 없었다. 건물을 지을 때는 감리사를 두 곳 정도 해서 서로 경쟁하거나 감독하는 것이 좋다. 감리사와 별개로, 설계사와 별개로 나눠서 맡기는 것이 좋다.

부지가 선정되면 설계도면을 바탕으로 지식산업센터 건축주가 되기 위한 시작을 한다. 설계도면의 계획대로 건축 시공이 제대로 되려면 건축사와 감리사를 잘 선택해야 한다. 건축사는 건축물의 설계 및 공사 감리를 할 수 있는 자격을 가진 기술자를 말하는데, 건축사가 되고자 하는 사람은 국토교통부에서 시행하는 건축사 자격시험에 합격하고 국토교통부 장관의 면허를 받아야 한다.

왜 정대표는 지식산업센터를 더 사지 않고 지었을까?

감리사는 시공 중에 공사를 감독하는 자인데, 보통 설계사들이 감리 회사를 겸하기도 한다. 감리사의 주요업무는 시공 현장과 설계도면이 정확히 일치하게 시공이 진행되는가 등을 확인·감독하는 일이다. 건축하기 전에 중요한 문제 중 하나가 '건축 설계'인데, 건축주가 원하는 건물을 그대로 반영하는 것도 중요하지만, 초보 건축주에게 적절한 조언을 해주는 것도 매우 중요하다. 이는 회사에서 영업팀과 마케팅팀이 서로 견제를 하면서 적절한 현실적인 방안을 찾아가는 것과 같다.

건축사와 만나서 상담하는 시간을 무조건 많아야 한다. 투자자 본인의 취향과 의견이 충분히 반영되어야 하기 때문이다. 본인의 건물을 타인이 설계했다가 맘에 들지 않는다고 후회하면 그때는 이미 늦었다.

건축사들은 대부분 오랫동안 설계를 해보았기에 대상지 지번만 제공해주면 설계를 비롯한 건축에 필요한 여러 조언을 해준다. 건축 상담 시, 처음엔 투자자가 원하는 부분들을 반영하지만, 중간에 잘못된 부분에 대해 조언해줄 때는 건축사들의 의견을 따르는 것이 좋다.

좋은 건축사의 자격은 무엇일까?

건축사는 설계부터 시공, 감리까지 책임지기 때문에 일을 열심히 하고 책임감이 있어야 한다.

건축사, 시공자 잘 선정하는 방법

첫째, 주변에 먼저 건축을 시작한 사람이 있다면 그 건축주에게 직접 물어보는 것이 좋다. 건축주의 입장에서 정확하게 말을 해줄 것이다. 둘째, 해당 물건지 부근의 공인중개사 사무소 대표에게 문의한다. 공인중개사 중에는 자기가 도와준다고 하면서 직접 자처하는 사람이 있지만, 이 역시 직접 알아보는 것이 중요하다. 셋째, 인터넷이나 카페 후기를 참고한다. 지식산업센터 여러 커뮤니티가 있으니 그중에서 많은이들이 찾는 '아투연' 카페나 여러 지식산업센터 카페를 활용하는 것을 추천한다.

시공사 선정 노하우와 도급 노하우

매입, 건축 설계까지 마친 다음에는 시공사 선정을 해야 한다. 제대로 된 시공사 선정이 중요한 이유는 앞에서 말한 것과 같이 큰 역할을 하기 때문이다.

1) 공법의 결정

건물을 어떻게 지을지 공법을 연구하고 결정해야 한다.

2) 업체 미팅

지식산업센터의 경우 보통 대기업(SK,현대, 코오로, KCC 등)의 1군 업체들이 있고, 그 다음 에이스건설, 대륭건설 등의 지식산업센터의 시작인 구로디지털단지, 가산디지털단지에서 시작된 2군 중소형 건설사들이 있다. 마지막으로 아직 지식산업센터쪽에 이름은 없지만 이제 막 지식산업센터 건설을 시작하는 3군 건설사들이다. 누구나 알고 있는 1군, 2군 건설사들과 일하면 좋겠지만 현장의 규모가 적으면 3군들과 시공을 진행해야 한다. 3군 건설사들의 특징은 다른 건설은 진행해 봤지만 보통 지식산업센터 건설 경험이 없다는 것이다. 그렇기 때문에 기존에 건설한 건들에 대해서 팸플릿이나 작업물이 있는지 확인하여야 한다. 현장 관리, 시공 능력, 자금 능력, 하자 보수 능력들을 확인하여 진행한다. 특히나 내가 경험한 것은, 공사 예정지와 가까운 업체들이라고 그 업체의 능력을 믿지 말아야한다는 것이다. 나 또한 커뮤니케이션의 원할한 소통을 위해서 공사 예정지와 가까운 곳에 있는 시공사를 선택했는데 하자 보수 및 미팅은 상대방의 열의가 있다면 언제든 해결할 수 있다.

현장 방문

시공사 사무실 및 모델하우스를 방문한다. 또한, 시공사에서 이미 공사 진행한 업체를 직접 방문해보고 시공뿐만 아니라 관리, 그리고 현장관리자와 마찰은 없었는지 확인해본다. 문제가 생겼을 때의 대처능력, 몇 년간의 하자 보수 경험, 견적서와 실제 현장감 등을 정리해두면 좋다.

현장관리자는 누구인가? 좋은 건물을 짓기 위해서 현장관리
자도 중요하다. 담당 관리자가 현장의 모델하우스를 방문하
면 더욱 좋다. 하자 보수 기간 확인 또한 필요하다. 대부분 업
체에서 3년의 하자 보수 기간을 가진다. 위생도기나 조명기기
의 경우 무상 A/S는 1년이다. 이러한 하자 보수에 대해서 하
자 보수이행보증 증권 발행을 요청하여 가지고 있어야 추후
비용이 발생 시에 논란이 일어나지 않는다.

건축물 사전조사 및 좋은 감리사 건축사 만나는 법

나는 건물을 지으면서 주택관리사 공부를 했다. 공부한 주택
관리사 건축 개론의 목차는 골조부터 교과서와 똑같았다. 무
엇보다 시험공부가 가장 빠른 이해와 지식을 습득하게 도와
준다. 합격을 하느냐 못하느냐의 문제가 아닌, 건축주라면 꼭
한 권은 사서 공부해야 한다고 생각한다. 사법고시보다 공인
중개사, 주택관리사, 감정평가사와 같은 공부가 실무에 더욱
쉽게 접근할 수 있다. 쉬운 공부가 돈이 된다. 합격을 위한 것
이 아닌, 건축주 본인을 위해 공부하기를 원한다.

03 험난한 시공사 선정의 과정

1) 공법의 결정

건물을 어떻게 지을지 공법을 연구하고 결정하는 과정으로 건축주의 경우 공법에 대한 깊은 이해보다는 건설사들에게 2~3가지 공법을 요청하고 이를 가지고 평소 생각해둔 건축물을 방문해 비교 분석한다.

2) 업체 미팅

직영 공사일 가능성이 높고, 구조의 이해 및 시공 노하우가 많은 곳을 찾는 것이 매우 중요하다. 시공 실적이 많은 곳이 좋다. 팸플릿이나 작업물이 있는지 확인한다. 현장 관리, 시공 능력, 자금 능력, 하자 보수 능력들을 확인하여 진행한다. 공사 예정지와 가까운 업체들이라고 믿지 마라. 하자 보수 및 미팅은 상대방의 열의가 있다면 언제든 해결할 수 있다.

3) 현장 방문

시공사 사무실 및 모델하우스를 방문한다. 또한, 시공사에서 이미 진행한 업체를 직접 방문해보고 시공뿐만 아니라 관리, 그리고 현장관리자와 마찰은 없었는지 확인해본다. 문제가 생겼을 때의 대처 능력, 하자 보수 경험, 견적서와 실제 현장감 등을 정리해두면 좋다.

정리)

시공사 선정에 대해서 정리하자면 다음과같다.

모델하우스 방문 → 현장관리자 → 하자 보수 내용의 확인
→ 설계 → 견적

다음 단계에 무엇을 해야할 지 알면 이전 단계에서의 질문해야 할 일거리들이 정리가 된다. 건축주가 직접 시행을 하면 정말 하루가 눈코 뜰 새 없이 바쁘다. 하나하나 빼먹지 말고 나에게 맞는 건축을 하기 위해서는 항상 한 발자국 뒤에서 큰 그림을 보아야 한다.

4) 도급 계약

도급 계약이란 당사자의 일방이 어느 일을 완성할 것을 약정하고 상대방이 그 일의 결과에 대하여 보수를 지급할 것을 약정함으로써 성립하는 계약으로 도급업자가 도로, 댐, 교량, 터널, 선박 및 고층건물의 공사를 계약조건에 따라 수행하는 계약을 말한다. 건설공사에 관한 도급계약의 원칙은 다음과 같다.

01. 건설공사에 관한 도급 계약의 당사자는 대등한 입장에서 합의에 따라 공정하게 계약을 체결하고, 신의에 따라 성실히 계약을 이행해야 한다.

02. 건설공사에 관한 도급 계약의 당사자는 그 계약의 체결에서 도급 금액, 공사 기간 등을 계약서에 명시해야 하며, 서명·날인 한 계약서를 서로 교부하여 보관해야 한다. 근거법은 건설산업기본법이다.

공사금액 지불 방식 : 공정별 공사금액 지불 조건의 명시 (예: 계약금 10%, 1차 기성: 기초 공사 완료 시 30%)

하자보수 내용의 명시 : 계약서에 직접 또는 하자 보수 이행각서에 공정별 하자 보수 기간 명시

공사 범위의 명시: 별도 품목, 서비스 품목의 명시

위와 같은 과정을 거치면 시공사 선정은 계약을 끝으로 마무리된다.

04 어려워 보이지만 꼭 알아야 하는 건축용어 익히기

알아두면 좋은 건축용어

건폐율 : 대지면적에 대한 건축물의 건축면적의 비율이다. 즉, 대지면적이 100평이고 건폐율이 50%라면, 건축면적은 최대 50평이 된다.

용적률 : 대지면적에 대한 건축물의 지상층 연면적의 합계 비율, 지하층, 지상층의 주차장으로 쓰이는 면적, 주민 공동

시설, 초고층 건축물과 준초고층 건축물에 설치하는 피난안전 구역, 건축물의 경사지 아래에 설치하는 대피공간 면적은 보통 용적률 계산 시 포함되지 않는다.

건축면적 : 건축물 외벽의 '중심선'으로 둘러싸인 부분이 수평 투영 면적을 의미한다. 다만 건축물 외벽에서 돌출된 길이가 1m 미만일 경우 건축면적에 포함되지 않는다. 옥외 피난계단, 차량 통행로, 장애인용 승강기, 지하주차장 출입구 등은 건축면적에 포함되지 않는다.

바닥면적 : 해당 층 각각의 면적을 말한다. (건축물의 발코니는 건축면적에 포함되며 건폐율과 관계가 있다. 외벽에서 1.5m를 넘는 경우 바닥면적에 포함된다.)

연면적 : 하나의 건축물 각층 바닥면적의 합계로, 지하층도 포함된다. 단 지하층은 용적률에는 포함되지 않는다.
① 연면적 산입 제외 부분은 다음과 같다. 지붕 구조물이 없는 베란다 및 1.5m 미만의 발코니, 높이 1m 미만의 테라스, 주차나 보행로로 사용되는 플로티 구조물, 다락의 층고가 평평할 경우 1.5m 이하, 경사 지붕은 1.8m 이하, 지하층·옥탑·물탱크·기름·탱크·냉각탑·정화조 등을 설치하기 위한 구조물이다.
② 용적률에서는 제외되지만 연면적에는 포함되는 항목은 다음과 같다. 지하층, 지상층에 주차용으로 쓰이는 면적, 그

외 피난안전 구역 면적·대피공간 면적 등이다.

전용면적 : 사용인이 독점적으로 사용하는 면적이다.

공급면적(임대면적) : 전용면적에 복도, 엘리베이터, 화장실 등 공용면적을 합친 면적이다.

근린 생활 시설 : 건축물 용도 중 하나로 슈퍼마켓 등 일상 생활에 필요한 시설이다.

① 제1종 근린 생활 시설: 슈퍼마켓, 소매점, 제과점, 이용원, 의원, 탁구장, 우체국, 마을회관, 변전소 등 생활에 꼭 필요한 필수적인 시설

② 제2종 근린 생활 시설(1종과 규모가 다름): 일반음식점, 기원, 제과점(300㎡ 이상), 서점, 테니스장, 당구장, 골프연습장, 공연장, 종교집회장, 금융업소, 사무소, 출판사, 세탁소, 사진관, 학원, 노래 연습장 등 생활하는 데 유용한 시설

페베/루베

① 페베: 1㎡를 말한다. 여기에 3.3을 곱하면 대략 1평이 된다. 타일이나 석재의 경우 1페베 당 얼마 식으로 가격을 책정한다.

② 루베: 1㎥를 말한다. 시멘트나 모래 등 수량을 측정할 때 사용된다.

왜 정대표는 지식산업센터를 더 사지 않고 지었을까?

층수 : 건축물의 층 말하며 '지상층'만을 층수에 포함된다. 지표면 아래 지하층, 필로티, 일정 면적 이하 옥상 부분 건축물, 다락은 층수에서 제외된다.

지하층 : 지표 아래에 있는 층으로, 해당 층고의 1/2 이상이 지표 아래에 있어야 한다. 경사 지반일 경우는 가중 평균을 계산하여 1/2 이상이 지표 아래에 있어야 한다.

발코니 : 건축물의 외벽으로부터 튀어나온 실/내외 완충 공간이다. 폭 1.5m 이내이다.

베란다 : 아래층의 면적보다 위층의 면적이 좁아지면서 발생하는 여유 공간이다. 바닥면적에서 제외된다.

테라스 : 지면에 만들어진 건축물의 외부 공간이다.

대수선 : 건축물의 기둥, 보, 내력벽, 주 계단 등의 구조나 외부형태를 수선·변경 또는 증설·해체하는 것이다. 증축, 개축, 재축에 해당하지 않는 건축 행위를 말한다.

내력벽 : 건축물에서 구조물의 하중을 견디어내기 위해 만든 수직벽이다.

주요 구조부 : 건축물의 구조상 중요한 부분으로써 내력벽, 기둥, 바닥, 보, 지붕틀 및 주 계단이다.

보(Beam) : 기둥 위에 가로로 설치하여 슬라브의 무게를 지탱하는 구조물이다.

슬라브 : 위층의 바닥이자 아래층의 천장인 부분이다.

대지 : 건축물을 건축할 수 있는 부지. 적법하게 건축물이 지어져 있는 토지는 지목에 관계없이 건축법상 대지다.

형질 변경 : 농지전용 등의 허가를 받아 토지의 형태를 바꾸는 것이다.

지목변경 : 지적공부(토지대장 등)에 등록된 지목을 다른 지목으로 바꾸어 등록하는 것이다.

도로 : 보행과 자동차 통행이 가능한 너비 4m 이상의 도로나 예정 도로를 말한다.

건축선 : 도로와 접한 부분에 건축물을 건축할 수 있도록 경계를 나누어주는 선이다.

왜 정대표는 지식산업센터를 더 사지 않고 지었을까?

인접 대지 경계선 : 대지와 대지 사이의 경계선을 말한다. (건축물을 건축선에 붙일 수 있어 건축 규모가 커지는 이점이 있다.)

설계도서 : 배치도, 투시도, 평면도, 입면도, 단면도, 저감도 등 건축에 필요한 도면을 말한다.

공개 공지 : 일반 주거 지역, 준주거 지역, 상업 지역, 준공업 지역 등의 도시화 가능성이 크다고 인정하여 지정·공고되는 지역의 환경을 쾌적하게 조성하기 위해 일반인이 사용할 수 있도록 설치하는 소규모 휴식공간이다.

일조권 : 햇볕을 받아 쬘 수 있는 법적 권리다

일조권 사선제한 : 전용 주거 지역과 일반 주거 지역 안에서 집을 지을 때 주변 건물의 일조권을 확보하기 위해 건물 높이를 제한하는 것을 말한다. 건축물 높이 9m 이하의 경우 인접 대지 경계선으로부터 1.5m 이상, 건축물 높이 9m 이상의 경우 해당 건축물 높이의 1/2 이상 이격해야 한다.

연면적, 건폐율, 용적률 그리고 대지지분 알아두기

공적장부란 무엇인가? 살아가면서 누구나 부동산을 한 번 이상 접하고 살아간다. 전세를 살든, 월세를 살든, 가게를 임차해서 사업을 하든, 땅을 매입하여 건축을 하든 우리 삶과 부동산은 불가분의 관계에 있다. 다시 말해 부동산은 떼려야 뗄 수 없는 존재다. 부동산은 가치가 큰 만큼 커다란 피해를 볼 수도 있다. 이러한 피해를 예방하기 위해서 꼭 살펴보아야 할 것 중 부동산 공적장부라는 것이 있다.

1) 등기사항전부증명서

부동산에 관한 소유 및 권리관계, 현황이 기재되어 있는 것으로 보통 등기부등본을 말한다. 일반인들 중에는 등기부등본조차도 이해하지 못하는 사람들이 너무 많다. 등기사항전부증명서의 표제부와 갑구는 소유권에 대한 사항, 을구는 소유권 이외의 사항 등이 표시되어 있다. 그러나 을구에 기재된 사항이 전혀 없거나 기재된 사항이 말소돼 현재 효력이 있는 부분이 전혀 없을 때에는 을구를 제외한 표제부 및 갑구만으로 구성된 등기부등본을 발급한다.

2) 건축물대장

건축물의 주소, 대지면적, 연면적, 건축면적, 용도지역, 용도지구용도구역, 전용면적, 구조, 용도, 층수, 건폐율, 용적률 등

업종이 표시된 건축물 현황과 소유자 현황, 건축주, 설계자 등 건축물에 대한 정보가 기재되어 있다. 또한 건축물의 증개축이나 이전, 대수선, 용도변경 등 건축물의 표시에 관한 사항과 위반건축물에 대한 표시 등도 기재되어 있다.

3) 토지이용계획확인서

토지의 이용 용도 및 행위 제한에 대한 내용이 기재되어 있으며 해당 토지에 규제 여부를 확인한 뒤 자신이 원하는 용도로 가능한지도 확인 할 수 있다.

4) 토지대장(임야대장)

토지의 소재, 면적 지목, 토지등급, 개별공시지가, 소유자명, 주민등록번호 등 토지의 사항이 기재되어 있다.

5) 지적도(임야도)

토지의 위치, 형질, 소유관계, 면적, 지목, 지번, 경계 등을 알 수 있고, 토지의 모양을 쉽게 파악할 수 있다. 정사각형 모양이고 주변 도로가 있으면 유리하다.

등기부등본에서 중요한 것은?

등기부등본을 이해하지 못하는 사람들이 많다. 등기부등본은 부동산 공적장부 중에서도 제일 기본적인 것으로 반드시 이해해야 한다.

1) 표제부

표제부는 등기부등본상 첫 번째 항목으로 첫 장에서 볼 수 있다. 표제부는 해당 부동산의 신상정보를 담은 서류로 부동산의 표시, 주소, 대지권, 건물명칭, 건물번호, 면적 용도, 구조 등 그 부동산이 어떤 것인지 표시된다.

2)갑구

갑구는 해당 부동산에 대한 소유권에 관한 사항이 기재된다. 다시 말해 소유주가 표시되는 곳으로, 압류/가압류/경매/예고등기 같은 소유권이 바뀔 수 있는 위험한 표기만 없다면 제일 마지막에 표시된 소유주가 진정한 소유자이다. 갑구에서는 소유자가 누구인지, 소유자가 갑자기 바뀔 위험은 없는지를 확인해야 한다. 매매계약을 하거나 주택을 임대할 때 이 등기부등본상의 소유자와 지금 계약하고자 하는 상대방이 일치하는지 확인해야 하고, 소유자가 어쩔 수 없는 사정이 생겨 본인이 오지 않고 계약을 해야 할 때에는 대리권자가 확실히 대리권을 받았는지 확인해야 한다(소유자(+대리권)를 확인하려면 등기부상의 주민번호와 신분증과의 대조를 통해 확인한다).

또한 건물을 새로 신축해서 소유권이 맨 처음 새로 발생하게 되면 소유권보존등기가 기재되며, 소유권이 이전되는 경우에는 소유권이전등기가 기재된다. 이렇듯 갑구에는 소유권과 관련된 사항이 나와 있다. 241쪽의 등기부등본에서는 소유권자가 홍길동이다.

3) 을구

을구는 소유권 이외의 권리 사항이 표시되는 곳이다. 저당권, 근저당권, 전세권, 지상권, 임차권 등이 기재된다. 부동산 담보대출을 받을 경우 은행에서는 나중에 안전한 대출금 회수를 위해 대출금과 관련하여 등기부등본에 저당을 설정해놓는다. 이렇게 저당을 설정해놓으면 나중에 문제가 발생했을 때 은행에서는 대출금을 회수할 수 있는 권리가 설정된다. 전세권은 전세를 들었을 경우 세입자가 전세 기간이 만료되어 나중에 전세금을 돌려받을 때 전세금을 반환받을 수 있는 권리가 설정되어 있다.

살아가면서 부동산을 구입하려면 일단 그 부동산의 신상을 샅샅이 조사해야 한다. 등기부에서 소유권과 근저당권 등의 권리 사항을 확인하고 나면 건축물대장에서 건물의 용도를 확인해야 한다. 건축물대장에서 그 건축물의 용도가 무엇인지, 불법 건물은 아닌지 등이 상세히 기록된다. 부동산 거래를 할 때 등기부등본만 확인하는 경우가 있는데, 건축물대장도 열람 해보아야 한다. 만약 불법 건축물이라면 뜯어버려도 할 말이 없기 때문이다. 꼭 건축물대장을 열람해서 주로 임대할 업종의 인허가에 문제가 없을지 따져보아야 한다.

어려워 보이지만 꼭 알아야 하는 건축용어 익히기

1) 건축물대장 갑구

건축물대장의 갑구에는 그 건물의 부동산 고유번호, 주소, 지번, 종류, 면적 등이 나온다. 소유자의 이름과 주소도 이 서류에 나오므로 건물의 중요한 상황을 대부분 알 수 있다 건축물대장에서는 특히 주용도 부분에 유의해야 한다. 건축물의 주용도에는 단독주택, 공동주택, 근린시설 등이 있다. 근린시설은 슈퍼마켓, 음식점, 미용실. 세탁소, 목욕탕, 의원 체육도장 등이다. 건축물대장에 물건의 주용도가 주택이라고 표기되어 있으면 체육도장으로 임대할 수는 없다.

2) 건축물대장 을구

건축물대장의 을구에는 소유자 현황이 자세하게 나온다. 특히 불법 건축물일 경우 불법 증축이나 용도변경 등이 을구에 기록된다. 그러므로 건물을 구입하기 전 불법 건축물인지 여부를 파악하기 위해 반드시 건축물대장을 확인해야 한다.

장 표시 : 내용의 첫 번째 장임을 표시

건축주 표시 : 건축 허가를 신청한 건축물의 주인

설계자 : 건축물 설계를 한 사람

공사감리자 : 건축물을 설계에 따라 건축하는지 지도, 감독하는 사람

공사시공자 : 공사의 책임을 맡고 하는 사람(도급 계약의 수급인 또는 직접 시공자)

허가 일자 : 건축 허가를 받은 날

착공 일자 : 공사 착공일

변동 사항 : 신축 신규 작성 이후 변동내용 및 변동일자 표시, 위반건축물에 관한 내용 표시

토지이용계획 확인서는 반드시 열람하자

부동산 투자를 처음 접하면 토지용계획확인원이 무엇이고 그것이 의미하는 것이 무엇인가를 통 알지 못한다. 한 번도 접해본 적이 없는 공적장부이기 때문이다. 그저 부동산 등기부 등본이나 발급받아서 본 것이 전부이다.

토지의 이용과 규제에 관한 내용이 담겨 있다고는 하나 어떻게 발급받고 어떻게 활용하는지에 대하여 알아보기로 하자. 우리나라의 모든 토지는 이미 용도가 정해져 있다. 토지의

용도를 단순히 지목으로 판단하는 사람들이 많지만 사실 지목은 그 토지의 현황에 관한 표시에 불과하다. 지목보다 지역·지구·구역 등 용도지역이 훨씬 유용한 정보이다. 토지이용계획확인서에는 소재지·지번·지목·경계·면적·용도지역까지 나온다.

도시계획도로 저축 여부나 도시개발계획, 공원녹지계획 등 토지의 활용에 영향을 미칠 수 있는 정보도 확인할 수 있다. 소재지, 지번, 지목, 면적, 토지이용계획에 따른 향후 개발계획과 제한사항의 유무, 도시계획이나 군사시설, 농지, 산림, 자연공수도, 문화재, 토지 거래 등이 각 해당사항에 표시되어 있으므로 그 땅이 어떠한 성격의 땅인지, 어떻게 사용될 땅인지를 전부 알 수 있다. 토지이용계획 확인서는 전국의 시, 군, 구청 및 동사무소에서 발급받을 수 있다. 혹은 이용 규제정보 서비스(http://luris.molit.go.kr) 사이트에 접속해서 확인할 수도 있다.

정리하면 토지이용계획 확인서는 필지별 지역·지구 등의 지정 내용 등의 토지이용 관련 정보를 확인하는 서류를 말한다. 토지이용계획 확인서를 통하여 확인할 수 있는 필지별 토지 이용 관련 정보는 다음과 같다.

① 지역·지구 등의 지정 내용

② 지역·지구 등에서의 행위 제한 내용

③ 「국토의 계획 및 이용에 관한 법률」에 따라 지정된 토지 거래 계약에 관한 허가 구역

④ 「택지개발촉진법 시행령」 제5조 제2항 후단에 따른 열
   람 기간
⑤ 「보금자리 주택 건설 등에 관한 특별법 시행령」 제8조
   제2항에 따른 열람기간
⑥ 『건축법」 제2조 제1항 제11호 나목에 따른 도로
⑦ 「국토의 계획 및 이용에 관한 법률」 제25조에 따른 도
   시·군관리 계획 입안사항
⑧ 『농지법 시행령」 제5조의 2제 1항에 따른 영농여건불리농지
⑨ 지방자치단체가 도시·군 계획조례로 정하는 토지 이용
   관련 정보

토지이용계획 확인서를 발급하고자 하는 자는 특별자치도
지사, 시장·군수 또는 구청장에게 토지이용계획확인 신청서
(전자 문서로 된 신청서 포함)를 제출해야 하며, 토지이용계
획확인신청서를 제출받은 특별자 지도지사, 시장·군수 또는
구청장은 국토 이용정보 체계를 활용하여 토지이용계획확
인서(전자 문서로 된 확인서 포함)를 발급해야 한다.

토지이용계획 확인서를 열람하는 것은 왜 중요할까? 열람
을 통해 확인해야 할 사항을 보자.

① 해당 토지의 고유한 성격과 관련된 기본적 정보(공법적
   제한 사항)를 알 수 있다. 토지이용계획 확인서에는 해당

토지이용 시 각종 공법상 제한사항(토지의 이용 및 거래와 관련된 제한사항)이 기재되어 있다. 즉 용도지역, 용도지구, 용도구역, 도시계획시설, 지구단위계획, 개발행위제한, 건축행위제한, 군사시설, 농지, 산림, 자연공원, 수도, 하천, 문화재. 정원개발, 토지거래 등 각각의 사항에 대한 해당여부 및 관련 법규명이 기재되어 있다. 특히 건축물의 증, 개축 가능 및 규제여부, 사용하고자 하는 목적대로 지속적 이용가능여부 등을 반드시 확인해둘 필요가 있다.

② 미래 시점에서 해당 토지의 경제적 가치(개발 후 경제적 가치)를 예측할 수 있는 기본적 정보를 알 수 있다.

미래 시점에서의 해당 토지 경제적 가치는 개발 가능여부에 달려 있다고 해도 결코 과언이 아니다. 바로 그 개발가능여부를 예측할 수 있게 해주는 공부가 바로 토지이용계획확인서이다. 토지이용계획확인서에 기재되는 각종 기록들은 개발 가능여부는 물론이고 건축물의 최고층수, 용적률, 건폐율, 최고고도, 도로로 기부채납 해야 할 부분, 상수원보호구역여부, 수몰지역부, 도로. 철도. 공원 등 도시계획시설들의 계획여부, 하천 등의 인접여부 등 개발사업의 수익성에 직간접으로 영향을 주는 사항이므로 면밀한 검토가 필요하다.

③ 토지이용계획 확인서상에는 도로가 없는 맹지이나 실제로는 관습 도로가 존재하는지 여부를 파악해야 한다

④ 토지이용계획 확인서상의 기재 내용과 실제 현황과의 일치여부를 확인하기 위해 반드시 현장답사를 병행해야 한다.

⑤ 토지이용계획확인서 하단의 확인도면(약식 지적도)은 위쪽이 정북향, 아래쪽이 정남향이며 우측이 동향, 좌측이 서향이다. 통상적으로 대지의 북측에 도로가 연접해 있으면 좋은 토지라고 본다.

⑥ 토지이용계획 확인서상의 내용에 의문사항이 있을 경우 반드시 해당 지자체에 관할 부서 도시계획과, 건축과, 지 적과 등에 문의해서 확인해야 한다

이상과 같이 토지이용계획 확인서는 토지의 경제적 가치를 분석하는데 최고로 유용한 서류이다. 반드시 확인하고 분석하는 자세를 지니자.

05 건축물대장에서 반드시 확인할 사항

사람의 이름, 주민번호, 주소가 등록되어 있는 것처럼 내 땅도 크기, 용도 등이 어딘가에 등록되어 있다. 하지만 이 정보들이 한 곳에 모여 있으면 좋으련만. 도대체 어디에서 이 정보들을 찾을 수 있을까?

건축을 위해서는 크게 토지의 신상 정보 및 토지를 이용하는 데 준수해야 할 규제로, 총 2가지 정보가 필요하다. 이 정보들을 파악할 수 있는 상세정보는 '토지대장'과 '건축물대장'에서 찾을 수 있다.

왜 정대표는 지식산업센터를 더 사지 않고 지었을까?

토지 이용 규제 정보 시스템 : 집을 살 때 살펴보는 부동산 등기부등본의 토지 버전이라고 보면 된다. 토지의 위치와 면적 그리고 공시지가와 이용 계획 및 토지대장, 건축물대장, 등기부등본, 용적률, 건폐율 지적도 발급까지도 가능하다.

민원24 : '민원24'사이트를 통해서 토지나 임야의 소재, 지번, 지목, 면적, 소유자의 상황이 등록된 토지대장, 임야대장, 지적도, 임야도 등을 발급 및 열람할 수 있다. 이름 그대로 행정기관에 직접 방문하지 않고도 인터넷을 통해 필요한 민원을 처리할 수 있다.

세움터 : '세움터'란 건축 행정업무의 전산화 시스템으로 건축 민원 접수/처리, 건축물 대상 관리, 통계처리 등의 업무를 관계된 기간에 방문하지 않고 인터넷으로 처리하게 해주는 시스템이다. 건축사와 시공사가 주로 사용하는 시스템이다. 직영 공사가 아니라면 건축주가 사용할 일은 거의 없다.

대한민국 법원 인터넷 등기소 : 부동산등기, 동산·채권담보 등기, 선박등기 등 등기사무는 법원에서 관장한다. 법원 중에서 지방법원과 동 지원이 그 관할 구역 내의 등기사무를 관장

한다. 지방법원이 관할 구역 내에서 등기사무의 일부를 처리하기 위하여 따로 마련한 기관이 등기소다. 등기소는 부동산, 법인, 동산/채권담보 등기를 관할 하는데 이 업무는 인터넷 등기소에서 수행할 수 있다.

국토교통부 실거래가 공개 시스템 : 국토교통부에서 운영하는 시스템으로 아파트, 토지, 연립·다세대 오피스텔 등 거래 동향을 실거래 자료와 함께 파악할 수 있다.

부동산 공시가격 알리미 : 역시 국토교통부에서 운영하는 시스템으로, 단독·공동주택의 공시가격을 알려준다.

관리 주체에 따라 중복되는 정보도 있지만, 위 사이트들에서 건축주에게 필요한 토지, 건축물 정보를 대부분 열람·발급받을 수 있다. 건축물대장과 토지대장에 어떤 정보가 있는지는 민원24 사이트에서 알 수 있다.

건축물대장이란?

건물의 개략적인 자기소개서이다. 민원24에서 열람 발급받을 수 있다. 일반건축물대장에서는 건축 설계자, 건축물 주소, 지번, 대지면적, 연면적, 용적률 산정용 연면적, 용적률, 용도, 구조, 건축물 현황(층수, 구조), 주차장 정보, 승강기 보유여부, 정화조 정보, 사용 승인 날짜, 내진 설계 적용 여부 등 등기부등본에서 확인하기 어려운 건물의 세부 내용을 알 수 있다. 또한, 건물 무허가 부분의 유무도 확인할 수 있다. 여기서 '위반 건축물'이란 무단 건축·증축 등을 말한다. 즉, 허가받지 않거나 허가 없는 용도로 사용 시 위반 건축물이다. 위반 건축물로 신고되면 시정 명령이 나가고, 시정 명령을 따르지 않으면 이행 강제금이 부과된다.

제4장

본격적으로
시행 시공
시작하기

01 내 땅의 정체성에 대해서 알아야 건물이 보인다

토지대장금이란?

이름에서 알 수 있듯, 토지 소재, 지번, 지목, 면적, 공시지가 등 토지 관련 정보를 알 수 있다.

건축 상식

건축주는 내 땅의 신상 정보와 관련 규제 사항을 반드시 알고 있어야 한다. 정보들은 토지의 지목, 개별공시지가, 규제 정보 및 행위 제한 등이다. 대부분 정보는 토지 이용 규제정보시스템에 있다.

여기에 건물 주변 상권 및 보증금, 임대료를 추가 분석하면 수익성 분석을 포함한 건축 계획을 수립할 수 있다.

지구단위계획, 정확히 파악하자

1) 지구단위계획의 의미

도시계획 수립 대상 지역의 일부에 대하여 토지 이용을 합리화하고 그 기능을 증진해 미관을 개선하고 양호한 환경을 확보하며, 그 지역을 체계적· 계획적으로 관리하기 위하여 수립하는 도시 관리 계획을 말한다. 지구단위계획은 유사한 제도의 중복 운영에 따른 혼선과 불편을 해소하기 위하여 종전의 도시계획법에 의한 상세 계획과 건축법에 의한 도시설계 제도를 도시계획체계로 흡수·통합한 것이며, 이 중 제2종 지구단위계획은 비도시지역의 난개발 문제를 해소하고 계획적이고 체계적으로 관리하기 위하여 국토이용관리법과 도시계획법을 국토의 계획 및 이용에 관한 법률로 통합하면서 도입한 제도다.

지구단위계획은 기반 시설의 배치와 규모, 가구 및 획지의 규모와 조성계획, 건축물의 용도 건폐율, 용적률, 높이, 교통처리계획 등의 내용을 포함하여 수립한다. 지구단위계획구역에서 대지면적의 일부를 도로, 공원 등 공공시설의 부지로 제공(기부채납하거나 공공시설로 귀속하는 경우 포함)하면 건축법에 따른 공개공지 또는 공개공간의 의무면적을 초과하여 설치한 경우 지구단위계획으로 해당 대지의 건축물 건폐율, 용적률, 높이를 완화하여 적용할 수 있다. 지구단위계획은 도시 관리 계획으로 결정하며 지정목적과 수립 대상 지역에 따라 제1종 지구단위계획과 제2종 지구단위계획으로 구분한다.

2) 지구단위계획의 수립 절차

그린벨트 해제 지역, 공장 이적지, 시장 등 대규모 시설 이적지와 재건축 단지, 도시개발사업이나 재개발사업지 등은 지구단위계획을 수립해서 추진한다.

지구단위계획은 지구단위계획 구역을 먼저 지정하고, 그다음에 지구단위계획을 수립한다. 지구단위계획은 원칙적으로 구청장 또는 시장과 해당 구역 토지면적의 80% 이상 주민이 동의해야 입안이 가능하며, 구·시 도시계획 위원회 심의를 거쳐 최종적으로는 시장이 결정한다. 일단 구역이 지정되면 3년 이내에는 관리 계획을 수립해야 하며, 이후 지구단위계획에 건축물을 이용해 건축하거나 건축물의 용도를 변경하고자 할 경우에는 그 지구단위계획에 적합하게 건축하거나 용도를 변경해야 한다.

3) 지정 대상 지역

도시개발 구역, 정비 구역(재건축, 재개발, 도시환경정비사업, 주거환경개선사업, 택지 개발 예정 지구, 대지조성 사업지구, 산업단지, 농공단지, 관광특구 등)
용도지역, 지구의 세분화, 변경 사항
기반시설의 배치와 규모에 관한 사항

토지의 규모와 조성계획
-건축물의 용도, 건폐율, 용적률, 높이 등
-건축물의 배치, 형태, 색채, 건축선 등
-환경관리 계획, 경관계획
-교통처리 계획 등
-2014년 4월 1종, 2종 없어지고 지구단위계획으로 통합
-지구단위계획구역이 조례보다 우선
-개발제한구역, 도시자연공원, 시가화조정구역, 공원 해제
 되는 구역
→ 계획적인 개발, 관리가 필요한 지역
-도시, 군 관리 계획으로 결정→ 지구단위계획구역 지정→
 계획수립
-도시지역, 비도시 지역 가능

▲재개발→개발(일정지역의 도시개발)→주택신축, 도시경

관, 환경 재정비→지역 공공사업

재건축→주택 (정비사업)→소유주가 조합 구성→민간주택 사업 재개발, 재건축이 주택 우선이라면 지구단위 계획구역은 계획적인 관리를 위주로 한다.

구분	계획의 내용
제1종 지구단위계획	토지이용을 합리화·구체화하고, 도시 또는 농·산·어촌의 기능증진, 미관의 개선 및 양호한 환경을 확보하기 위하여 수립하는계획
제2종 지구단위계획	계획관리지역 또는 개발진흥지구를 체계적·계획적으로 개발 또는 관리하기 위하여 용도지역의 건축물, 그 밖의 시설의 용도, 종류 및 규모 등에 관한 제한을 완화하거나 건폐율 또는 용적률을 완화하여 수립하는 계획

02 내 땅에 지을 수 있는 건물

이 책을 읽는 대부분의 독자들은 자신의 땅을 가진 분들일 것이다. 본인의 땅이있다면 내 땅이어떤 용도로 쓰이고 있는지파악해야한다. 보통 땅의 용도는 아래와 같이 나뉘게된다.

전용 주거 지역 :

단독주택 중심의 양호한 주거 환경을 보호하기 위해 필요한 지역이다.

제2종 전용 주거 지역 :

공동주택 중심의 양호한 주거 환경을 보호하기 위해 필요한 지역이다.

제1종 일반 주거 지역 :

4층 이하 저층 주택 중심의 주거 환경이 필요한 지역이다.

제2종 일반 주거 지역 :

7층 또는 12층 이하의 중층주택 중심의 주거 환경이 필요
한 지역이다.

제3종 일반 주거 지역 :

층수 제한이 없고 도시 기반시설이 정비되어 토지의 고도
이용이 가능한 중층, 고층 주택 중심이다.

준주거 지역 :

주거 기능을 위주로 이를 지원하는 일부 상업 기능 및 업무
기능을 보완하기 위해 필요한 지역이다.

상업 지역

중심 상업 지역 :

도심/부도심의 상업 기능 및 업무 기능 확충을 위하여 필
요한 지역이다.

일반 상업 지역 :

일반적인 상업 기능 및 업무기능을 담당하게 하기 위해 필
요한 지역이다.

유통 상업 지역 :

도시 내 또는 지역 간 유통 기능의 증진을 위하여 필요한
지역이다.

공업 지역

전용 공업 지역 :

중화학 공업, 공해성 공업 등을 수용하기 위해 필요한 지역
이다.

일반 공업 지역 :

환경을 저해하지 않는 공업을 수용하기 위해 필요한 지역
이다.

준공업 지역 :

경공업 그 밖의 공업을 수용하되, 주거, 상업, 업무 기능의
보완이 필요한 지역이다.

왜 정대표는 지식산업센터를 더 사지 않고 지었을까?

03 건축의 기본 프로세스

모든 건축주가 건축학과를 나온 것은 아니다. 그래서 건축에 대해서 기본도 모른 채 건축을 시작하는 경우가 대부분이다. 건축의 기본 프로세스에 대해서 알아보자

건축계획-> 설계-> 시공-> 준공-> 임대

1) 건축계획

일단 대지의 특성과 이에 따른 규제 정보 등을 파악하고 수

익형 건물 건축을 결심했다면, 반드시 인근 부동산을 방문해서 상권 및 임대 시장조사를 해야 한다. 이 단계에서 건물 신축 시 임대가 용이한 업종과 인근의 임대료 현황을 알 수 있기 때문이다. 부동산을 몇 개 방문하다 보면 주변 공실 상황도 알 수 있고, 어떤 업종이 임대 장소를 많이 찾는지 알 수 있다. 또한, 주변에 건축주들의 모임은 꼭 하나씩 있다. 그 모임에 참석해서 시장 상황에 대해서 확인해야 한다. 건축주라면 그 업종이 선호하는 임대 평수, 권리금, 보증금, 월 임차료 등도 파악할 수 있다.

예를 들어 주변에 소형 평수가 없는 경우, 소형 평수 위주로 설계를 하면 임대에 큰 도움이 된다. 또한, IT계열의 거주 비율이 높은 곳은 밤새 일하는 경우가 많아 편의점이 1층에 들어가도록 설계를 하면 좋다. 이러한 정보는 근처 카페에 몇 시간 앉아있으면 알 수 있다. 이런 정보를 사전에 파악하면 각 업종이 선호하는 조건을 설계할 때부터 반영할 수 있게 되므로 해당 업종 임대에 도움이 된다.

인근의 임대료 수준이 파악되면, 수익성 분석과 건축 예산 추정이 가능하다. 신축 건물이니 아무래도 사람들이 선호할 것이므로 현재의 임대료보다는 예상 임대료를 다소 높게 산정한다. 이때 추정한 임대료를 인근 부동산과 협의해보면 신축 건물의 최적 임대료 수준을 가늠해볼 수 있다. 하지만 아무리 신축 건물이라 하더라도 인접한 건물의 현재 시세보다 현저히 높여 받기는 어렵다.

왜 정대표는 지식산업센터를 더 사지 않고 지었을까?

대략 임대료와 건축비 추정이 완료되면 건물의 수익성을 분석한다. 완공된 지식산업센터의 경우 연간 10% 정도 수익이 발생하면 괜찮은 물건이라 말한다. 즉, 10억 원 정도 투자해서 1,000만 원 정도 임대료와 꾸준한 지대 상승이 이루어지면 괜찮은 것이다. 직접 건축을 한다면 물론 그 이상의 수익률이 나올 수 밖에 없다.

한 가지 염두에 둘 것은 수익형 건물의 가치는 디자인보다 입지와 임차인의 종류, 그 임차인이 지불하는 임대료 규모에 의해 결정된다는 점이다. 즉, 과도한 디자인이나 마감재 등을 투자할 필요는 없다. 이처럼 타당성 분석을 포함한 건축 계획이 수립되면 이제 내 계획을 실현할 좋은 설계사를 선정한다.

2) 설계

설계는 '기본 설계'와 '실시 설계'로 나뉜다. 기본 설계는 디자인의 밑그림을 처음 그려 나가는 것을 말한다. 이 내용을 구체화하면서 공사비 추정 등의 작업이 이루어진다. 기본 설계가 완성되면 실제 시공을 위해 필요한 도면을 그리는 실시 설계가 이루어진다. 실시 설계에서는 구체적인 치수까지 표기되고, 이 도면을 바탕으로 시공사에서 공사견적을 요청하게 되며 시공이 이루어지게 된다.

3) 건축허가 신청

건축사와 건축 도면을 확정하면 관할 지자체에 관련 서류를 제출하여 건축허가를 신청해야 한다. 건축허가 신청은 건축사가 대부분 대행한다. 건축 허가를 받고 시공사를 선정한다. 이때 본인이 너무 많이 안다고 해서 건축사를 대신해줄 필요는 없다.

4) 착공신고

건축공사를 착수한 때부터 3일 이내 시군구에 착공신고를 해야 한다. 착공신고는 건축 허가를 받은 후 1년 이내에 해야 하는데, 부득이한 경우 1년 연장할 수도 있다. 보통 시공사가 대행한다.

5) 시공

시공은 기초공사, 골조공사, 내외장 마감공사로 진행된다. 각 공사에 대해 필요한 내용을 알아보자.

6) 기초공사

'터파기'와 '흙막이'가 있다. '터파기'란 건축 시 기초나 지하실을 만들기 위해 해당 부위의 흙을 파내는 것이다. '흙막이'란 지반을 굴착할 때 지반의 침하나 붕괴를 막기 위해 경계면에 만드는 벽체나 지보공(경계면을 지지하는 재료의 총칭)을 의미한다.

왜 정대표는 지식산업센터를 더 사지 않고 지었을까?

7) 골조공사 :

벽체 작업, 먹매김, 거푸집이 있다. '벽체 작업'이란 말 그대로 벽 쌓는 일을 말하며, '먹매김'이란 건축공사 시 먹통, 먹물, 먹줄 등을 이용하여 기초, 기둥, 옹벽 등이 세워질 곳에 표시해두는 작업을 말한다. '거푸집'은 콘크리트 구조물을 일정한 형태나 크기로 만들기 위하여 굳지 않은 콘크리트를 부어 굳을 때까지 양생 및 지지하는 가설 구조물을 의미한다.

8) 외장공사 :

외장공사는 건물 외부의 치장과 설치를 위한 공사(지붕, 방수, 미장, 타일, 창호, 금속, 유리, 도장 등)를 말한다.

9) 내장공사 :

건물 내부(벽, 바닥, 천장 등)의 설치를 위한 공사를 말한다.

10) 준공/사용승인

공사가 완료되면 건축물의 사용을 위해 허가받은 행정기관으로부터 사용승인서를 발급받는다.

04 건축비와 사업성 분석하기

대다수 예비 건축주의 경우 제일 궁금한 내용이 건축비일 것이다. 나 역시 건축비가 가장 궁금했다. 그러나 소위 전문가들에게 평당 건축비에 대해서 물으면 대답은 같았다. "천차만별입니다." 그러나 대략적이라는 게 있지 않은가. 승용차 가격도 배기량에 따라, 그리고 수입차인지 국산차인지에 따라 대략적인 가격정보를 알 수 있는데, 건축은 어쩜 다들 입이라도 맞춘 듯이 똑같이 대답하는지 답답했고 답을 들을 수없어 기준을 세우지 못한 채 시간만 지나갔다. 물론 마감

왜 정대표는 지식산업센터를 더 사지 않고 지었을까?

재료와 시공 방법 등에 따라 공사비는 천차만별이다. 하지만 답답함에 이기지 못한 내가 경험과 주변 사례를 참조하여 대략 추정해보니 대체로 다음과 같았다.

* 지식산업센터 내부 인테리어 공사는 별도 비용이 들지 않고 에어컨은 10평당 300 ~ 400만원 소요(선택사항)

* 지식산업센터 건축 비용은 평당 대략 300~400만 원 소요

많은 전문가는 평당 공사비는 의미 없다고 한다. 그러나 건축주 입장에서 꼭 맞는 말도 아니다. 왜냐하면 평당 공사비의 정의가 전체 공사비를 연면적으로 나눈 것이니, 건축에 투입된 공사비의 과다 여부는 개략적으로 가늠해볼 수 있는 기준치가 되기 때문이다. 즉, 이런 시각에서 보면 누군가가 당신의 건물을 평당 약 200만 원에 건축할 수 있다거나, 혹은 평당 약 800만 원에 지어주겠다고 하면, 이는 건물의 품질이나 제안의 의도를 의심해볼 필요가 있다.

건물의 예상 규모가 추정되면 전체 건축비를 추정해볼 차례다. 즉, 위에 추정한 평당 공사비로 대지 50평, 용적률 200%로 연면적 100평인 상가용 건물의 총 공사비를 추정해본다면, 대략 다음의 시공비가 소요될 것으로 예상할 수 있다.

100 × 300만 원 = 3억 원 ~ 100평 × 400만 원 =4억

다시 말하지만, 이는 대략적인 비용이다. 건물 규모, 대지 여

건, 사용 자재, 종류 등에 따라 편차가 심하다. 그 외에도 엘리베이터 설치 여부, 공사 계절, 기반 시설이 갖춰진 도심지인지, 혹은 상하수도, 전기 등 기반 시설을 위한 부대 공사부터 시작해야 하는 지역인지에 따라 시공비는 달라진다. 설계비와 감리비 역시 설계사에 따라 다양하겠으나 소형 건물의 경우, 대략 평당 10~20만 원을 예상하면 된다. 즉, 이 경우 다음과 같이 추정하면 큰 무리가 없다.

100평×10만 원=1,000만 원~100평

설계/감리비 등 건축업무 대가에 대한 개략적인 산정을 위해 대한건축사협회에서 제공하는 도구도 있다. '대한건축사협회' 홈페이지에서 '정보 광장-업무대가산정'을 클릭한 후, 연면적과 총 예상 공사비를 입력하면 건축사협회에서 정한 요율에 따라 건축업무 대가가 산제된다.

당연히 건축사와 협상 결과에 따라 조정되는 금액이니 참고만 해야 한다. 정리하면, 연면적 100평인 지식산업센터 건물의 경우, 세금을 제외한 순수 건축비는 대략 설계/감리비 1,500만 원, 시공비 3억 5,000만 원정도로 추정해 볼 수 있다. 대략적이나마 건축비를 추정했다. 여기에 취등록세(시공비의 3.16%), 예비비 등(시공비의 약 5%) 총 4억 원 내외를 예상하면 된다. 그럼 내가 건축한 지식산업센터의 경우 총 공사비는 얼마가 들었을까?

05 건축사, 시공사 잘 선정하는 법

나는 지식산업센터를 시행하기 전 100군데 정도 건설사를 만나보았다. 계획 시공방법, 수익률이 극과 극이었다. A급, B급, C급의 건설사 중에 나는 중간급 건설사를 선택해서 진행했다. 건축설계부터 건축사를 만나지 않으면 신축에 대한 정보를 얻을 수 없다. 건축 사무실을 통하여 시공사를 만나는 것도 하나의 방법이다. 건축 사무실은 많은 시공사와 접촉을 해서 많은 정보가 있다. 물론, 건축사무실과 시공사는 한편이다. 따라서 대게는 치명적일 수 있다.

나의 경우 건축 사무실과 시공사가 한편이었다. 더욱이 치명적인 것은 동일회사였다는 것이다. 대게는 시공사와 건축 설계사무실은 서로 분리되어 있어야 한다. 나는 시공사와 건축사가 동일회사이므로 더 안전하고 효과적으로 신축을 진행할 수 있다는 말에 설득을 당했다. 내가 오닉스 건축 관련 설계를 맡긴 동원 건축 사무실은 시공사인 'A'의 자회사이다. 이는 위장계열사와 비슷한 것이었다. 원래 시공사와 건축 사무실은 한 건물에 함께 할 수 없다. 그래서 건축사 사무실의 주소는 금천구이고 시공사의 본사는 경기도로 되어 있으나 실제로는 한 건물에서 사용하고 있었다. 법적으로는 문제가 없도록 했으나, 이렇게 눈속임을 한다는 것 자체가 문제인 것이다.

왜 시공사와 건축사 사무실이 함께 있으면 안 되는 걸까? 처음 건축을 하는 이들은 이를 꼭 알아야 한다. 건축 사무실은 건축 인허가를 구청에서 직접 받아야 할 의무가 있다. 하지만 나는 구로에서 가장 오래된 사업가라는 스스로에 대한 자신감으로, 지인을 통하여 인허가를 최대한 빨리 받도록 노력했으나 오히려 역효과가 났다. 건축 인허가를 건축사 사무실에 맡기고 돈을 주는 것이 맞는 선택이었다. 돈도 주고 인허가는 내가 하는 바보 같은 짓을 한 것이다. 시공사에서 선택에서도 실수한 것이다. 나는 정말 어리석었다.

착공 전, 태평양 감정법인을 통하여 공사비, 사업성, 분양가 등에 대한 보고서를 받았고 이를 토대로 증권사 KTB증권사 주관으로 국제 자산신탁과 함께 PF 자금을 조달하였다. 제도권에 있는 증권사 신탁사 은행, 시공사 시행사 함께 한, 비즈니스의 기본은 태평양 감정 평가서를 토대로 한다. 건축비가 86억에 책정되었으나 시공사는 91억을 요구하여 91억에 공사비를 협의했다. 착공 후, 시공사는 동원 건축사 사무실이 설계한 도면은 실지 도면이 아니고, 직접 착공하면서 만든 도면이 실지 도면이므로 추가 비용이 발생할 수 있다고 협박했다. 토목을 하면서 암반이 나오거나 장마가 길어져서 공사 기간이 연장되거나 불의 사고로 인하여 공사 기간 연장 등의 추가 비용 발생 가능성을 언급하면서 건축비 인상을 요구하였다. 나는 건축비 인상은 있을 수 없다고 하였으나 시공사는 만일의 공사 지연 가능성을 열거하면서 이면계약으로 추가 비용 발생에 대한 가능성에 대한 비용을 제시하였고 제시된 이면계약은 법적 효과가 없다고 나를 설득했다. 나는 믿었다. 20년간 매일 지나다니면서 본, 바로 이웃이라서!

그것이 가장 큰 나의 잘못이다. 사업은 남을 믿는 것이 아니다. 사업은 자신 외에는 믿을 것이 없다는 것을 이번 신축을 하면서 다시 배웠다. 시공사 A는 나에게 126억을 요구했다. 91억이라는 처음 공사비에서 총 35억을 더 요구했고, 향후 법적 다툼의 여지가 많이 있었으며 아직 끝나지 않은 부분이 있다. 이 일을 겪으면서 느낀 건 지식산업센터가 준공되어도 신축은 끝난 것이 아니라는 것을 다시 한 번 알게 되었다. 겉으로 보이지는 않지만 신축 빌딩에는 내재되어 있는 많은 법적 분쟁이 있다. 법적 분쟁을 이겨내는 것이 신축을 완성하는 일이다.

제5장

본격적인
지식산업센터
분양하기

01 지식산업센터
분양을 시작하다

지식산업센터 건물주가 되었다고 저절로 월세가 들어오는 것은 아니다. 이제부터 어떻게 관리해야 하는가에 그 초점을 맞추어야 한다. 다시 말해 가만히 앉아있으면 안정적인 임대수익이 들어올 리가 만무하다. 자신의 노력의 대가가 바로 달콤한 임대수익이다. 정상적인 세입자를 만나서 정상적으로 임대료가 잘 들어온다면 관리에 대해 신경 쓸 필요가 없을 것이나 간혹 속을 무던히 썩이는 세입자의 경우 임대료와 건물 관리가 절대적으로 필요하다.

건물주들이 가장 힘들어 하는 '월세가 밀리는 시기'를 대비해 임대료 수금 및 연체관리에 대해 알아보기로 하자. 보통 건물주들이 세입자가 임대료를 연체했을 경우에 대응하는 방법은 대동소이하다. 강약의 차이만 있을 뿐이다. 보통 1~2개월 정도 연체가 진행된 시점에 "월세 밀렸어요, 납부 바랍니다." 정도의 독촉 작업을 한다. 안타깝게도 한 번 연체를 했던 임차인은 특별한 경우를 제외하고는, 연체를 지속할 확률이 매우 높다. 게다가 임대료가 2개월, 3개월 밀려갈수록 목돈이 되기 때문에 임차인 입장에서도 납부를 포기해버리고 될 대로 되라는 식의 자포자기 유형으로 변하기도 한다.

예를 들어 임대료가 월 70만 원이라고 가정하면 3개월만 연체가 지속돼도 210만 원이 된다. 보통의 임차인 입장에서 200만 원이 넘는 금액을 한 번에 상환하기란 여간 부담스러운 일이 아니다. 더구나 이미 자금 사정이 좋지 못해 임대료를 연체해오던 임차인이라면 더 말할 필요도 없다. 특히 상대적으로 보증금이 소액인 원룸의 경우 연체가 6개월 이상만 지속돼도 연체된 임대료가 보증금을 넘어서버리는 경우가 빈번하게 발생한다.

그래서 지식산업센터는 보통 10달치의 월세를 보증금으로 둔다. 보증금이 넘치지 않았다고 해서 마냥 안심할 수도 없다. 임대료를 미납하는 임차인이 공과금이라고 미납하지 않는다는 법은 없다. 특히 겨울철 가스비용이 연체되기라도 한다면 무시할 수 없는 금액이 해당 호실에 부과된다. 보증금 안에서 해결이 되지 않으면 미납 공과금 납부 또한 임대인의

왜 정대표는 지식산업센터를 더 사지 않고 지었을까?

몫이다. 이러한 이유로 임대관리에서 연체관리는 굉장히 중요한 일이다. 임대 사업의 궁극적 목적은 사실 "임대수익"인데 수익 발생에 자꾸 제동이 거리고 더불어 스트레스를 받게된다면 차라리 수익률은 적어도 은행권에 편안하게 넣어두는 것이 좋을 것이다.

 그렇다면 임대료 연체 관리는 어떻게 해야 할까?

 보증금을 여유롭게 받는 것이 가장 좋은 방법이다. 임대보증금을 설정하고 받아두는 이유는 임대료나 관리비의 연체로부터 임대인을 보호하려는 의미이다. 다시 말해 임대인에게 최고의 안전장치는 보증금이라고 말할 수 있다. 임대료 미납, 공과금 미납, 도배. 장판 및 옵션 파손 등 임대인의 귀책사유가 없는 수많은 변수 및 사고로부터 임대인을 보호해줄 든든한 보호막이 되는 것이다. 미납으로 인한 명도소송을 진행하려 해도, 남아 있는 보증금이 없거나 넘쳐버렸다면 사실상 실익이 없어진다.

 개인적인 생각으로는 임대료가 50만 원이라 가정했을 때 보증금은 1000만 원 이상은 되어야 안전하다고 판단된다. 간혹 수도권 지식산업센터의 경우 보증금 50만 원에 월 50만 원 단기 임대료로 임대차계약이 성립되는 경우가 있는데 이는 임대인이 명도에 대한 특별한 노하우나 자신감이 없다면 해서는 안 되는 위험한 계약의 조건이다.

2) 임차인과 관계를 좋게 하라

지식산업센터에 들어오는 임차인들은 대부분 법인이거나 개인사업들이다. 즉, 어느 정도 사업의 기본 도리가 있다는 것이다. 임대인은 임차인의 연체가 지속되면 전화는 물론, 찾아가서 독촉도 하고, 심한 경우 비밀번호를 임의로 변경하기도 한다. 일반 가정집도 이렇게 하면 감정적으로 격해지는데, 직원들이 보는 앞에서 이렇게 독촉을 하게 되면 임차를 밀리는 사장은 속이 더 타들어갈 것이다. 그렇게 감정이 격해지는 상황이 일어나서 경찰이 출동하는 소동이 일어나기도 한다. 절대로 그럴 필요 없다. 임대인이 한 명인데 비해 다수의 임차인을 상대해야 하기 때문에 진만 빠지게 된다. 문자와 전화는 5회 정도만 발송. 발신하고 그 후에도 연체가 지속될 시, 남아있는 보증금을 따져보고 우체국 홈페이지를 통해서 담담하게 내용증명을 발송한 후, 점유 이전금지 가처분 및 명도소송을 순서대로 진행하면 된다. 이렇게 끝까지 가는 경우는 100세대 중에 2~3세대 뿐이니 나머지 98세대에서 임차를 받으면서 천천히 진행하면 된다.

3) 그래도 신경쓰기 싫다면 임대관리 전문 회사에 맡겨라

왜 정대표는 지식산업센터를 더 사지 않고 지었을까?

과거 오피스텔, 원룸에서 임차 관련 스트레스를 많이 받던 임대인들이 지식산업센터로 넘어오면서 지식산업센터의 관리를 직접 하기보다는 과거의 경험에 빗대어 진행을 하기 시작했다. 즉, 임대 관리 전문회사를 통해서 임대인의 어려움을 해결해 주는 업무를 해주는 곳을 선택하게 된 것이다. 회사마다 업무 능력 및 범위의 차이가 있지만, 애초에 연체 발생의 우려가 적은 우량의 임차인과 임대차계약을 체결하고 보증금 및 임대료를 최적의 조건으로 협의한다. 임대인의 경우 수수료가 나가지만 임차인과 얼굴 붉힐 일도 없고 임대료를 밀려도 관리회사에서 맡아서 해주니 깔끔하게 마무리가 되는 것이다. 입주 후에도 체계적인 수금 관리를 통해 연체를 미연에 방지하고 안정적인 임대수익이 발생할 수 있도록 한다.

그럼에도 불구하고 연체가 발생하면 1차 독촉 작업-> 내용증명 및 최종 독촉 작업-> 점유이전금지 가처분 신청 및 명도소송 대행의 순서로 업무를 수행하게 된다. 임대인은 따로 신경을 쓰지 않으면서도 안정적인 임대수익을 가질 수 있게 된다.

지식산업센터 월세 인상이 좋을까? 보증금 인상이 좋을까?

지역마다 지식산업센터의 경우가 너무 달라서 월세 인상과

보증금 인상에 대해서 의견 차이가 심하게 갈린다. 김태호 (45세, 가명)씨는 지식산업센터 임대인의 월세 인상으로 적잖은 고민이 많다. 그 이유는 최초 임대차계약을 할 당시에는 주변 시세보다 저렴한 시세인 보증금 1,000만 원에 월 임차료 200만 원의 조건으로 30평에 입점했기 때문이다. 그러다 임대차계약기간 2년의 종료 기간이 다가오는 몇 개월 전의 시점에 현 시세대로 월세를 현실화해달라는 통보를 받았기 때문이다. 아직은 몇 개월 남은 임대차 기간이 있어 건물주와 협의도 해보고, 법적 대응방안도 모색해보겠지만 그래도 약자는 세입자이기에 고민이 많다. 이처럼 보증금과 월세는 임대차 기간이 종료되는 시점에 오면 재계약이냐 아니냐, 5% 최대치 인상이냐 아니냐로 고민이 많을 수밖에 없다. 주택이든 상가든 임대차 관계에서 가장 민감한 부분은 월세 인상일 것이다. 사실 임대인과 임차인 관계에서 월세인상을 주도하는 쪽은 임대인이기 때문에 임대인이 절대적인 '갑'인 것처럼 여겨지지만, 임대인 입장에서도 말 못 할 사정이 있다.

지식산업센터의 경우 80%이상의 대출금을 끼고 임대 사업을 하고 있고, 매달 나가야 하는 이자에 관리 유지 비용, 공실에 따른 손해, 세금 등 각종 지출을 빼면 손에 남는 수익은 많지 않다. 그렇다 보니 임대인 입장에서도 피치 못하게 월세 인상을 해야 하는 경우가 많다.

하지만 워낙 민감한 사항이다 보니 임차인과 크고 작은 마찰이 일어나기도 한다. 이런 마찰을 예방하기 위해서는 주택

왜 정대표는 지식산업센터를 더 사지 않고 지었을까?

및 상가 월세 인상에 대한 기본적인 법적 내용을 알아두는 것이 좋다. 지식산업센터는 상가임대차보호법을 따르기 때문에 월세 인상은 보증금의 5%를 초과할 수 없다고 규정하고 있다. 또한 월세 인상을 하고 난 후 1년 이내에는 재인상이 불가능하다. 만약 3월에 임대차계약을 체결했다면 월세 인상이 가능한 시기는 재계약이 이루어지는 다음해 2~3월이 될 것이다.

다만 재계약 아닌 새로 계약을 체결하는 경우라면 임대차보호법에 구애되지 않고 5% 월세 인상이 가능하다. 그렇다면 묵시적 갱신의 경우는 어떨까? 묵시적 갱신이 되었다고 하더라도 월세 인상 시점이 1년이 지났다면 인상이 가능하다.

이 경우 법에 따라 주택 5%내에서 인상해야 한다.임차인 입장에서는 임대료가 인상되면 영업이익에 지대한 영향을 미치기 때문에 과도한 월세 인상을 요구하는 임대인에게 사정을 적극적으로 이야기하면서 대처해야 할 것이다.

02 지식산업센터도 상가임대차보호법 적용

건물주라고 해서 꼭 임차인들에게 을이 되는 것은 아니다. 지식산업센터도 상가임대차보호법을 따르기 때문에 상가임대차보호법에 대해서 알아야 한다.

상가임대차보호법 살펴보기

상가의 경우 보통 2년 단위로 계약을 하게 된다. 부동산에서 제시하는 표준 계약서의 내용을 보자. 계약 내용 하단의 내용은 다음과 같다.

왜 정대표는 지식산업센터를 더 사지 않고 지었을까?

제2조(임대차 기간) 임대인은 임차 상가건물을 임대차 목적대로 사용 수익할 수 있는 상태로 ○년 ○월 ○일까지 임차인에게 인도하고, 임대차 기간은 인도일로부터 ○년○월 ○일까지로 한다.

제3조(임차목적) 임차인은 임차 상가건물을(업종) 위한 용도로 사용한다.

제4조(사용·관리·수선) ① 임차인은 임대인의 동의 없이 임차 상가건물의 구조·용도 변경 및 전대나 임차권 양도를 할 수 없다. ②)임대인은 계약 존속 중 임차 상가건물을 사용 수익에 필요한 상태로 유지하여야 하고, 임차인은 임대인이 임차 상가건물의 보존에 필요한 행위를 할 때 이를 거절하지 못한다. ③ 임차인이 임대인의 부담에 속하는 수선비용을 지출한 때에는 임대인에게 그 상환을 청구할 수 있다.

제5조(계약의 해제) 임차인이 임대인에게 중도금(중도금이 없을 때는 자금)을 지급하기 전까지, 임대인은 계약금의 배액을 상환하고, 임차인은 계약금을 포기하고 계약을 해제할 수 있다.

제6조(채무불이행과 손해 배상) 당사자 일방이 채무를 이행하지 아니할 때 상대방은 상당한 기간을 정하여 그 이행을

최고하고 계약을 해제할 수 있으며, 그로 인한 손해배상을 청구할 수 있다. 다만, 채무자가 미리 이행하지 아니할 의사를 표시한 경우의 계약해제는 최고를 요하지 아니한다.

제7조(계약의 해지) ① 임차인은 본인의 과실 없이 임차 상가건물의 일부가 멸실 기타 사유로 인하여 임대차의 목적대로 사용, 수익할 수 없는 때에 임차인은 그 부분의 비율에 의한 차임의 감액을 청구할 수 있다. 이 경우에 그 잔존 부분만으로 임차의 목적을 달성할 수 없는 때에는 임차인은 계약을 해지할 수 있다. ② 임대인은 임차인이 3기의 차임액에 달하도록 차임을 연체하거나, 제4조 제1항을 위반한 경우 계약을 해지할 수 있다.

제8조(계약의 종료와 권리금 회수 기회 보호) ① 계약이 종료된 경우에 임차인은 임차 상가건물을 원상 회복하여 임대인에게 반환하고, 이와 동시에 임대인은 보증금을 임차인에게 반환해야 한다. ②임대인은 임대차 기간이 끝나기 3개월 전부터 임대차 종료 시까지 상가건물임대차보호법 제10조의 제1항 각 호의 어느 하나에 해당하는 행위를 함으로써 권리금 계약에 따라 임차인이 주선한 신규 임차인이 되려는 자로부터 권리금을 지급받는 것을 방해하여서는 아니 된다. 다만, 상가건물임대차보호법 제10조 제1항 각 호의 어느 하나에 해당하는 사유가 있는 경우에는 그러하지 아니하다. ③ 임대인

왜 정대표는 지식산업센터를 더 사지 않고 지었을까?

이 제2항을 위반하여 임차인에게 손해를 발생하게 한 때에는 그 손해를 배상할 책임이 있다. 이 경우 그 손해배상액은 신규 임차인이 임차인에게 지급하기로 한 권리금과 임대차 종료 당시의 권리금 중 낮은 금액을 넘지 못한다. ④ 임차인은 임대인에게 신규 임차인이 되려는 자의 보증금 및 차임을 지급할 자력 또는 그 밖에 임차인으로서의 의무를 이행할 의사 및 능력에 관하여 자신이 알고 있는 정보를 제공하여야 한다.

제9조(재건축 등 계획과 갱신거절) 임대인이 계약 체결 당시 공사 시기 및 소요 기간 등을 포함한 철거 또는 재건축 계획을 임차인에게 구체적으로 고지하고 그 계획에 따르는 경우, 임대인은 임차인이 상가건물임대차보호법 제10조 제1항 제7호에 따라 계약 갱신을 요구하더라도 계약 갱신의 요구를 거절할 수 있다.

제10조(비용의 정산) ① 임차인은 계약이 종료된 경우 공과금과 관리비를 정산하여야 한다. ② 임차인은 이미 납부한 관리비 중장기 수선 충당금을 소유자에게 반환 청구할 수 있다. 다만, 임차상가건물에 관한 장기수선충당금을 정산하는 주체가 소유자가 아닌 경우에는 그 자에게 청구할 수 있다.

제11조(중개보수 등) 중개보수는 거래 가액의 O%인 O원으로 임대인과 임차인이 각각 부담한다. 다만, 개업공인중개사

의 또는 과실로 인하여 중개의뢰인 간의 거래행위가 무효·취소 또는 해제된 경우에는 그러하지 아니하다.

제12조(중개대상물 확인·설명서 교부) 개업공인중개사는 중개대상물 확인·설명서를 작성하고 업무보증관계증서(공제증서 등) 사본을 첨부하여 임대인과 임차인에게 각각 교부한다.

이 표준 내용 하단에는 계약 당사자 간의 특약이 추가되는데, 상가 임대차 계약에 특약으로 추가되는 내용은 다양하다. ① 입주 전 수리 및 개량, ② 임대차기간 중 수리 및 개량, ③ 임차 상가건물 인테리어, ④ 관리비의 지급주체, 시기 및 범위, ⑤ 귀책사유 있는 채무불이행 시 손해배상액 예정, ⑥ 계약 해지 시 인테리어 원상 복구, ⑦ 간판의 위치, ⑤ 기타 등이다.

왜 정대표는 지식산업센터를 더 사지 않고 지었을까?

03 아무도 알려주지 않는 지식산업센터 세금

지식산업센터에는 다양한 세금이 있는데 이 세금에 대해서 사전에 알고 진행을 해야하는 부분이 있어 소개해 볼까 한다.

* 소득세 :
  임대 소득은 종합소득세로 근로 소득 등 타소득과 합산하여 과세된다.
* 과세 기간 :
  매년 1월 1일에서 12월 31일까지 1년간으로 다음해 5월 1

일에서 5월 31일까지 신고/납부해야 한다.

* 부가세 : 부가된 가치에 대하여 부과되는 세금을 말하며 간단히 임대료의 10%로 생각하면 된다. 상가임대사업자는 매출규모에 따라 일반 과세자와 간이 과세자로 나뉜다. 과세기간은 일반과세자의 경우 1월 25일, 7월 25일로 1년에 2번 납부하게 되고, 간이 과세자의 경우 1월 25일에 1회 납부하게 된다. 주택임대사업자는 면세사업자이나, 상가의 경우는 과세되므로 이 부분을 명확히 하지 않는 경우 임대료를 10% 할인해주는 것과 다름없다. 임대인은 보통 일반 과세자로 사업자 등록을 하게 되므로 임차인으로부터 부가세를 받아 신고/납부해야 한다. 임차인은 일반 과세자인 경우, 추후 이를 환급 받을 수 있다.

* 취득세 : 지식산업센터의 경우에 취득세는 입주 가능업종과 입주불가능 업종에 따라 나뉜다. 입주가능업종의 경우 개인사업자 및 5년이상 법인은 50% 감면받아 2.3%이고, 5년 미만 법인은 4.7%이다. 입주불가업종의경우 개인사업자 및 5년이상 법인은 4.6%, 5년 미만 법인은 9.4%이다.

* 재산세 : 임대업을 위해 보유하고 있는 건물, 토지, 주택 등에 대해 부과되는 세금이다. 과세 기준일은 매년 6월 1일 현재 해당재산의 소유자에게 부과된다. 서울시의 경우 이택스 홈페이지에서, 그 외의 경우는 이택스에서 건물의 시가 표준액을 확인할 수 있다. 이택스 홈페이지 → ETAX 이용안내 → 조회 발급→ 주택 외 건물 시가 표준액 조회

순서로 클릭하면 조회 가능하다.

서울시내 상가 건물 시가 표준액 : etax.seoul.go.kr

서울시외 상가 건물 시가 표준액 : www.wetax.go.kr

토지 및 건축물의 과세표준액은 시가 표준액의 70%로 정해진다. 즉, 건물의 시가 표준액이 10억 원인 경우, 과세 표준액은 10억 원의 70%인 7억 원이 되며, 건물의 재산세는 7억 원X0.25%인 175만 원이 된다. 세금 문제는 생각보다 훨씬 복잡하다. 상세한 내역은 꼭 세무전문가와 협의하기를 권한다.

세금은 상가의 수익성에 직접적인 영향을 미친다. 따라서 설계, 시공비 산정 외에도 건물 신축에 따라 부과되는 각종 세금을 반드시 신경 써야 한다.

건축의 허가 절차

1) 부지 및 신축대상 건축물에 대한 사전조사

가. 건축이 가능한 토지 여부

나. 건축심의 대상 건축물 여부

ⓐ건축선의 지정에 관한 사항

ⓑ미관지구에 관한 사항

ⓒ다중이용건축물의 구조 안전. 피난 및 소방관한 사항

- 문화 및 집회시설 (전시장 및 동. 식물원 제외), 판매 및 영업시설, 의료시설 중 종합병원 또는 숙박시설 중 관광숙박시설의 용도에 쓰이는 바닥 면적의 합계가 5,000m² 이상인 건축물

다. 20세대 이상 공동주택

라. 교통영향평가 대상 사업 및 건축물

ⓐ 환경. 교통. 재해 등에 관한 영향평가법시행령

ⓑ 국가 또는 지방자치단체의 청사 : 6,000m² 이상 건축물

ⓒ 공연장, 집회장, 관람장, 전시장 : 15,000m² 이상 건축물

ⓓ 환경영향평가 대상건축물

- 환경. 교통. 재해 등에 관한 영향평가법 시행령

2) 건축 심의

건축위원회에서 심의한 내용을 통보

3) 건축허가 신청(건축심의 결과를 반영 후)

가. 신청 시 구비 서류

건축허가 신청서(1면, 2면)

동별 개요(3면)

(건축허가) 현장조사서

건축허가조사 및 검사조서(1면)

현장조사서(2면)

건축설계도서의 관련법령 저촉여부 조사서(3~9면)

대지범위, 권리증서류

도시계획확인원(환지예정지: 환지예정증명서 1부)

토지대장, 토지등기부등본(증축 시: 건물등기부등본, 건축물관리대장)

대지 사용승락서, 인감증명(타인 소유의 대지일 경우)

건축동의서, 인감증명(건물. 토지에 대한 압류, 가압류, 근저당, 지상권 등이 설정되어 있을 시)

환지사용승낙서(지방의 환지예정지)

건축선 지정 관리대장 1부

정화조 설치 신고서

배수설비 설치 신고서(배치도 1부 첨부)

급수공사 신청서

구내통신 선로설비 설계검토신청서

도로점용 허가신청서(도로 점용 시

건축구조 안전 확인서

나. 설계도서

기본설계도서(건축계획서, 배치도, 평면도, 입면도 2부, 단면도 2부)

4) 건축과: 설계도서 검토 및 부서 협의

소방동의 대상 건축물 (연면적 400m² 이상)

경찰서 협의[위락시설(노래방),차량출입시설, 투전기업소]

군부대 협의: 군사보호구역 협의

수도사업소: 저수업 지역

위생과: 식품위생법령에 저촉 여부

공업과: 공장 관련 등

환경과: 배출시설 관련 등

토목과: 토목 관련

하수과: 하수 관련

공원녹지과: 공원 내 대지일 경우

생활체육과: 체육시설 관련 등

가정복지과: 예식장 등

건설관리과: 도로점용 등

도시정비과: 수도권정비 계획법 등

지역교통과: 노상주차장 폐쇄 등

보건소: 병원 등

5) 건축허가증 교부

당해 지방자치단체의 건축에 관한 조례가 정하는 수수료 납부 건축허가 유효기간 1년 (단 특별한 사유가 있을 경우 1년의 범위 안에서 그 공사의 착수기간 연장)

6) 철거, 멸실 신고- 해당 건축물

철거예정 7일전 신고
산업안전보건법령에 의한 철거에 따른 유해. 위험의 방지 관련 사항

7) 건축물 착공 신고

건축법 제 16조 규정에 의거 공사 감리자 및 공사 시공자(지정 신고서에 서명하여 건축공사 착공신고)

8) 시공

건설산업기본법령, 전기공사업법령, 정보통신공사업법령, 소방법 등에 따라 공사 시행

9) 소방검사 등

소방동의를 받아 건축허가를 받은 대상 건축물
연면적 400m² 이상 건축물

노유지 및 청소년시설 연면적 200m² 이상 건축물

10) 건축물 사용검사 신청
건축공사를 완료한 날부터 7일 이내 신청
건축허가 조건 이행 여부 확인

11) 건축물 사용검사 필증 교부
건축주 시민 봉사실 (건축물 대장등재)
잘 구성된 임차인 확보는 건물가치를 높일 수 있다.(같은 내용)

구분	내용
개발제한구역	건설교통부장관은 도시의 무질서한 확산을 방지하고 도시 주변의 자연환경을 보전하여 도시민의 건전한 생활환경을 확보하기 위하여 도시의 개발을 제한할 필요가 있거나 국방부장관의 요청이 있어 보안상 도시의 개발을 제한할 필요가 있다고 인정되는 경우에는 개발제한구역의 지정 또는 변경을 도시관리계획으로 결정할 수 있다.
도시자연 공원구역	시·도지사는 도시의 자연환경 및 경관을 보호하고 도시민에게 건전한 여가 휴식공간을 제공하기 위하여 도시지역 안의 식생이 양호한 산지의 개발을 제한할 필요가 있다고 인정하는 경우에는 도시자원공원구역의 지정 또는 변경을 도시관리계획으로 결정할 수 있다.
시가화 조정구역	건설교통부장관은 직접 또는 관계 행정기관장의 요청을 받아 도시지역과 그 주변 지역의 무질서한 시가화를 방지하고 계획적·단계적인 개발을 도모하기 위하여 일정기간 동안 시가화를 유보할 필요가 있다고 인정되는 경우에 시가화조정구역의 지정 또는 변경을 도시관리계획으로 결정 할 수 있다.
수산지원 보호구역	해양수산부장관은 직접 또는 관계 행정기관 장의 요청을 받아 수산자원의 보호, 육성을 위하여 필요한 공유수면이나 그와 인접된 토지에 대한 수산자원보호구역의 지정 또는 변경을 도시관리계획으로 결정할 수 있다.

정대표는 왜 지식산업센터를
더 사지 않고 지었을까?

초판 1쇄 인쇄 | 2020년 9월 20일
초판 1쇄 발행 | 2020년 9월 20일
지은이 | 정성호
편집 기획 | 장영광
디자인 | 장찬주
발행처 | 청춘미디어
출판등록 | 제2014년 7월 24일, 제2014-02호
전화 | 010) 9633-1751
팩스 | 02) 6918-4190
메일 | stevenjangs@gmail.com

ISBN 979-11-87654-82-7
책값 13,900원 (만삼천 구백 원)